1094 24.80

Hannah Arendt

C

Reihe Campus
Einführungen
Band 1081

Herausgegeben von
Hans-Martin Lohmann (Heidelberg)
Alfred Paffenholz (Bremen)
Willem van Reijen (Utrecht)
Martin Weinmann (Wiesbaden)

Trotz vielfältiger Anerkennung steht Hannah Arendts Denken merkwürdig fremd in der Landschaft der modernen Philosophie und politischen Theorie. Ingeborg Nordmann führt in Arendts Gedankenwelt wie in eine Werkstatt ein, wo die verschiedenen Traditionen – Aristoteles, Augustinus, Kant, Nietzsche, Kafka, Benjamin und Heidegger – überraschend miteinander kombiniert werden. Sie zeigt, daß Arendts Analyse des Totalitarismus und der jüdischen Existenz in der Moderne, ihre Reflexionen über Macht und Gewalt, Demokratie und Pluralität, Philosophie und Politik als Gedankenkonstellationen zu lesen sind, die für unerwartete Entwicklungen der Realität offen bleiben. Widersprüche und Brüche erscheinen nicht als Mangel, sondern als notwendige Leerstellen, die signalisieren, daß Theorie niemals an die Stelle von Erfahrung treten kann.

Ingeborg Nordmann lebt als freie Publizistin in Frankfurt/Main und Berlin. Zahlreiche Veröffentlichungen zu Hannah Arendt. 1992 erschien der von ihr herausgegebene Band *Margarete Susmann. Das Nah- und Fernsein des Fremden. Essays und Briefe.*

Ingeborg Nordmann

Hannah Arendt

Campus Verlag
Frankfurt/New York

Redaktion: Hans-Martin Lohmann

Die Deutsche Bibliothek –CIP-Einheitsaufnahme

Nordmann, Ingeborg:
Hannah Arendt / Ingeborg Nordmann. – Frankfurt/Main ;
New York : Campus Verlag, 1994
(Reihe Campus Verlag ; Bd. 1081)
ISBN 3-593-35157-9
NE: GT

Umschlaggestaltung: Atelier Warminski, Büdingen
Satz: Fotosatz L. Huhn, Maintal-Bischofsheim
Druck und Bindung: Friedrich Pustet, Regensburg
Gedruckt auf säurefreiem und chlorfrei gebleichtem Papier.
Printed in Germany

Inhalt

Siglen

Die am häufigsten zitierten Schriften Hannah Arendts werden im Text mit nachfolgenden Siglen belegt:

AR	A Reply. Kontroverse mit Eric Voegelin. In: The Review of Politics, 15. Januar 1953
BScH	Hannah Arendt und Gershom Scholem, Briefwechsel. In: Neue Zürcher Zeitung, 20. Okt. 1963; Encounter, Jan. 1964, S. 51-56
BWB	Hannah Arendt und Kurt Blumenfeld, Briefwechsel, Literaturarchiv Marbach
DT	Hannah Arendt, Denktagebuch, Library of Congress
DV	Hannah Arendt, Diktatur und persönliche Verantwortung. In: Befreiung. Zeitschrift für Politik und Wissenschaft, H. 29, Juni 1985
EJ	Hannah Arendt, Eichmann in Jerusalem. Ein Bericht von der Banalität des Bösen, Hamburg 1964
EM	Hannah Arendt, Es gibt nur ein einziges Menschenrecht. In: Die Wandlung, 4. Jg., 1949, S. 754 ff.
EuU	Hannah Arendt, Elemente und Ursprünge totaler Herrschaft, München 1955; zit. nach TB-Ausg. 1986
FT	Hannah Arendt, Fragwürdige Traditionsbestände im politischen Denken der Gegenwart, Frankfurt/M. 1957

FuP Hannah Arendt, Freiheit und Politik. In: Die Neue Rundschau, 69. Jg., H. 4, 1958, S. 670 ff.

GG Hannah Arendt in einem Fernsehgespräch mit Günter Gaus, 1964, abgedr. unter dem Titel: Was bleibt? Es bleibt die Muttersprache. In: A. Reif, Gespräche mit Hannah Arendt, München 1976

KA Hannah Arendt, Franz Kafka, von neuem gewürdigt. In: Die Wandlung, 1. Jg., 1945/46, H. 12, S. 1050 ff.

KE Hannah Arendt, Die Krise in der Erziehung. In: Der Monat, 11. Jg., H. 124, 1958/59, S. 48 ff.

KuP Hannah Arendt, Kultur und Politik. In: Merkur. Deutsche Zeitschrift für europäisches Denken, 12. Jg., H. 130, 1958, S. 1122 ff.

LdG I Hannah Arendt, Vom Leben des Geistes. Das Denken, München 1979

LdG II Hannah Arendt, Vom Leben des Geistes. Das Wollen, München 1979

MfZ Hannah Arendt, Von der Menschlichkeit in finsteren Zeiten. Gedanken zu Lessing, München 1960; wiederabgedr. in: Menschen in finsteren Zeiten. Hg. U. Ludz, München 1989, S. 17 ff.

MH Hannah Arendt, Martin Heidegger ist achtzig Jahre alt. In: Merkur, Deutsche Zeitschrift

PhuSo Philosophie und Soziologie. Anläßlich Karl Mannheim, Ideologie und Utopie. In: Die Gesellschaft, H. 7, 1930, S. 163 ff.

RL Hannah Arendt, Rosa Luxemburg. In: Menschen in finsteren Zeiten. Hg. U. Ludz, München 1969, S. 49 ff.

RV Hannah Arendt, Rahel Varnhagen. Lebensgeschichte einer deutschen Jüdin aus der Romantik, München 1959; zit. nach TB-Ausg. 1975

TM Thinking and Moral Considerations: A Lecture. In: Social Research, Nr. 3, August 1971, S. 7 ff.

UaP	Hannah Arendt, Understanding and Politics. In: Partisan Review, 1953, S. 377 ff.
ÜdR	Hannah Arendt, Über die Revolution, München 1963; zit. nach 3. Aufl. 1981
UR	Hannah Arendt, Die Ungarische Revolution und der totalitäre Imperialismus, München 1958
VA	Hannah Arendt, Vita activa oder Vom tätigen Leben, München 1960; zit. nach 2. Aufl. 1981
VT	Hannah Arendt, Die verborgene Tradition. Acht Essays, Frankfurt/M. 1976, S. 46 ff.
WB	Hannah Arendt, Walter Benjamin. In: Benjamin, Brecht. Zwei Essays, München 1971
WE	Hannah Arendt, Was ist Existenzphilosophie? In: Sechs Essays, Heidelberg 1948, S. 48 ff.
WP	Hannah Arendt, Was ist Politik? Fragmente aus dem Nachlaß. Hg. U. Ludz, München/Zürich 1993

Vorwort

»Ich bin nicht verpflichtet, die Schwierigkeiten aufzulösen, die ich mache. Meine Gedanken mögen immer weniger sich verbinden, ja wohl gar sich zu widersprechen scheinen: wenn es denn nur Gedanken sind, bei welchen (die Leser) Stoff finden, selbst zu denken.« (MfZ 24) Hannah Arendt hat diesen Satz von Lessing übernommen, und er erscheint mir als die beste Einführung in ihr Werk.

Hannah Arendt gilt als non-konformistische Denkerin. Haben frühere Kritiken ihr mangelnde wissenschaftliche Sorgfalt vorgeworfen, so sehen heutige Darstellungen gerade darin ihre Fähigkeit zu überraschenden Beobachtungen und Entdeckungen begründet. Was sie früher verdächtig machte, nämlich daß in ihrer Analyse der *Elemente und Ursprünge totaler Herrschaft* Nationalsozialismus und Stalinismus umstandslos als zwei historische Ausprägungen des Totalitarismus gleichgesetzt wurden, rückt sie heute in den Brennpunkt des Interesses. Beide Lesarten stehen jedoch in merkwürdiger Weise neben ihrer Intention. Denn ob man ein Denken, das sich nicht an die Regeln des akademischen Diskurses hält, positiv bewertet oder nicht – die *Etikettierung* selbst ist unangemessen. Sie bleibt den Augenblicken, in denen ihre Gedanken tatsächlich abbrechen und den Leser mit leeren Händen zurücklassen, äußerlich. Die Gewohnheit, selbst noch aus den Momenten der Verweigerung eine praktikable Anleitung zu ziehen, ist verständlich innerhalb einer Kultur, die geprägt ist durch die übermächtige Tradition, bei unumstürzbaren Wahrheiten vor den Unwägbarkeiten der Geschichte Zuflucht zu suchen.

Dennoch betrifft dies genau den Punkt, an dem Arendt eine Zäsur setzt. Diese Zäsur gibt dem »Schock« der Realität Raum, der theoretisch nicht auflösbar ist. Der Schock kristallisierte sich für sie im Totalitarismus, der eine Verwüstung des politischen und moralischen Lebens anrichtete, für die es in der Geschichte kein Beispiel gibt und für die der Begriff Diktatur völlig unzureichend ist. Das Unvorhersehbare der menschlichen Geschichte, das immer auch zu phantastischen Entwürfen in die Zukunft hinein motiviert hatte, war in schrecklicher Verkehrung Realität geworden. Die Utopie des Einen Menschen, die der Totalitarismus zu realisieren versucht hatte, verabschiedete jede Illusion darüber, was die Menschen einander *nicht* antun werden. Der Totalitarismus bewirkte den Zusammenbruch der politischen und moralischen Kultur in einem Ausmaß, das jede Vorstellung überstieg. Nun erst wurde manifest, was es tatsächlich heißt, wenn alle Kategorien der Tradition für das Urteilen und Handeln ihre bindende Kraft verloren haben. Nicht nur die Philosophie mußte sich dieser Herausforderung stellen, sondern auch Geschichtsschreibung und politische Theorie.

Die Schwierigkeit eines solchen Vorhabens besteht darin, daß es nicht dem bewährten Hegelschen Muster, der polemischen Umkehrung, folgen kann. Zum Beispiel läßt sich die Veränderung nicht dergestalt denken, daß von der abstrakten und realitätsfernen Philosophie zu einem Projekt praktischer Philosophie übergegangen wird. Arendt beginnt mit einer komplizierten Übersetzungsarbeit, in der sie den Wirkungen nachzugehen versucht, welche die historischen Einbrüche in den verschiedenen theoretischen Bereichen hervorrufen. Für diese Aufgabe gibt es kein Vorbild. Für Arendt ist die Tradition wie ein Steinbruch: Einzelne Elemente werden herausgebrochen und mit anderen neu zusammengeführt. Eine Topographie von Unterschieden wird entworfen, die sich immer weiter differenziert. Jeder dieser Unterschiede versetzt uns an einen anderen Ort, dessen Räumlichkeit zu ermessen ist. Die Lektüre Hannah Arendts fordert nicht nur dazu heraus, sich von den Fiktionen geschlossener Theorien und sicherer Wahrheiten zu trennen, sondern sich in einem neuen Gehen zu üben, für das das folgende Bild Franz Kafkas eine Vorstellung geben mag:

> »Hast du also einen Weg begonnen, setze ihn fort, unter allen Umständen, du kannst nur gewinnen ... Findest du also nichts ... auf den Gängen, öffne die Türen, findest du nichts hinter diesen Türen, gibt es neue Stockwerke, findest du oben nichts, es ist keine Not, schwinge dich neue Treppen hinauf. Solange du nicht zu steigen aufhörst, hören die Stufen nicht auf, unter deinen steigenden Füßen wachsen sie aufwärts.«[1]

Meine Einführung beschäftigt sich weniger mit den offensichtlichen Aspekten von Arendts Theorie, mit der Erläuterung und Einordnung ihrer Schriften. Ebensowenig sehe ich meine Aufgabe darin, den Zusammenhang von Biographie und theoretischer Entwicklung in besonderer Weise zu thematisieren. Meine Darstellung konzentriert sich auf bestimmte wesentliche Gedankenkonstellationen und die Orte, an denen sie sich konstituieren, verändern und wieder verzweigen. Sie betritt Arendts Gedankenwelt wie eine Werkstatt, und zwar nicht unbedingt an den Haupteingängen wie zum Beispiel der *Vita activa*, sondern an den Nebeneingängen wie dem Benjamin-Essay oder ihrer Biographie über Rahel Varnhagen.

1. Von der Philosophin zur politischen Denkerin

1.1 Der Paria als Schlüsselkategorie des unabhängigen Denkens

Hannah Arendt hat ihre Art zu denken nicht innerhalb einer Institution ausgebildet; vielmehr hat sie lange Zeit als freie Publizistin gearbeitet. Sie war von einer tiefen Skepsis erfüllt gegenüber den »Denkern von Gewerbe« und deren akademischer Gelehrsamkeit. Bis in ihre letzten Schriften, in denen sie sich traditionellen philosophischen Themen widmet, ließ sie sich von der Auffassung leiten, daß Denken nicht eine Frage des Wissens, sondern kritischer Geistesgegenwart ist, eine Haltung, die keineswegs als subjektive Attitüde ausgelegt werden darf. Es ist die Erfahrung des Exils, der Ortlosigkeit, die ihr zum Seismographen der Auseinandersetzung mit Vergangenheit und Gegenwart wurde. 1946, fünf Jahre nach der Emigration in die USA, schreibt sie an Karl Jaspers:

> »Bin mehr denn je der Meinung, daß man eine menschenwürdige Existenz nur am Rande der Gesellschaft sich heute ermöglichen kann, wobei man dann eben mit mehr oder weniger Humor riskiert, von ihr entweder gesteinigt oder zum Hungertode verurteilt zu werden. Ich bin hier ziemlich bekannt und habe bei manchen Menschen in gewissen Fragen ein wenig Autorität, d.h. sie haben Vertrauen zu mir. Aber das kommt auch unter anderem daher, daß sie wissen, daß ich

weder aus Überzeugungen noch aus ›Begabungen‹ eine Karriere zu machen wünsche.« (BWJ 65)

Folgt man den verschiedenen Stationen ihrer Biographie, so lassen sich Erfahrungen vergegenwärtigen, die mit ihrer Distanz gegenüber akademischem Lehrbetrieb und wissenschaftlicher Karriere verknüpft werden können. Einen prägenden Einfluß auf ihre Entwicklung räumt Arendt ihrem Elternhaus ein. Sie berichtet, daß es in ihrer Familie ein selbstverständliches Bekenntnis zum Judentum gegeben habe, eine Selbstverständlichkeit, die mit Vorurteilslosigkeit und großem Selbstbewußtsein Hand in Hand ging. Der Begriff Selbstverständlichkeit soll signalisieren, daß dieses Bekenntnis ohne die Stütze einer Tradition vorzustellen ist. Er weist ebenso auf Erfahrungen, die nicht in extremer Weise mit dem Antisemitismus konfrontiert waren. Um dem Druck von außen durch Diskriminierung und Ausgrenzung zu entgegnen, war es nicht erforderlich, ein deutliches politisches Bewußtsein davon zu haben, daß Assimilation unmöglich war, und von der Gefahr, die aus dieser Illusion für die jüdische Minderheit entstehen konnte. Diese Selbstverständlichkeit ist also vorpolitisch, ein Beharren weniger auf kultureller *Identität* als auf kultureller *Pluralität,* die für Arendt zur unveräußerlichen Bedingung menschlicher Existenz und bestimmendes Motiv ihrer Ablehnung jeder Ideologie wurde.

Die Besonderheit dieses Selbstbewußtseins wird in einem Außerhalb der Gesellschaft situiert, das von der Zugehörigkeit zu einer Nation entlastet ist, eine bewegliche Heimat also, die, weil sie in »erster Linie jüdisch« war, »mit keinem bestimmten Vaterland« zusammenfiel. »Ich, zum Beispiel, glaube nicht«, so versucht Arendt ihre eigene vorpolitische Einstellung zu beschreiben, »daß ich mich je als Deutsche – im Sinne der Volkszugehörigkeit, nicht der Staatszugehörigkeit – betrachtet habe.« (GG 10) Die Selbstverständlichkeit beruht also auch auf einer spontanen Fähigkeit zur Distanz, auf einer fast »naiven Verachtung« allen gesellschaftlichen Identitätskonzepten gegenüber: dem nationalen, dem sozialen, der Karriere.

Persönliche Erfahrungen können keine Allgemeingültigkeit beanspruchen. Aber dadurch werden sie nicht gegenstandslos. Das Motiv, das Arendt bewegt, wenn sie das selbstverständliche Bekenntnis zum Judentum in eine Atmosphäre von Selbstbewußtsein und Vorurteilslosigkeit eingebunden sieht, entspringt nicht der Suche nach einer konsistenten Gegenwelt, die als Quelle und Beweis für eine Hypothese dienen könnte. Ihre Aufmerksamkeit gilt Erfahrungen, die durchaus partiell sind, aber immer wieder auftauchen. Das allein ist ausreichender Grund, sie aufzugreifen und dem Vergessen zu entreißen. Das Verständnis von Erfahrung, das Arendt gegen alle Formen des transzendenten und naturalistischen Denkens aufbietet, und der moderne Antisemitismus ist für sie im Gegensatz zu seinen Vorläufern eine absolute Degradierung des Individuums zur Natur, zur »Spezies«, läßt sich nicht als Rekurs auf die Position eines naiven Realismus deuten. Es ist legiert mit den Lektüren von Husserl und Heidegger.

Arendts nicht nachlassendes Interesse daran, Selbstbewußtsein und Vorurteilslosigkeit mit dem jüdischen Außenseiterdasein zusammenzudenken und darin den originären jüdischen Beitrag zur europäischen Kultur zu akzentuieren, signalisiert eine strukturelle Bedeutung für ihr Denken. Die familiäre Ausgangssituation spielt dabei durchaus eine unterschiedliche Rolle, ohne daß der Gedanke selbst infragegestellt werden muß. So lesen sich die wiedererkennenden Elemente im Porträt von Rosa Luxemburg – »das ganz einfache Erlebnis einer Kindheit, in der wechselseitige Achtung und uneingeschränktes Vertrauen, eine allumfassende Menschlichkeit und echte, fast naive Verachtung für alle sozialen und nationalen Unterschiede als Selbstverständlichkeit betrachtet wurden« (RL 58) – wie eine Verdoppelung ihrer eigenen Erfahrungen. Dagegen weisen die familiären Erfahrungen von Rahel Varnhagen, Heine und Kafka geradezu in die entgegengesetzte Richtung. Dennoch sind auch sie von jener traumwandlerischen Sicherheit in ihrer Ablehnung der falschen Identitätsangebote der Gesellschaft. Weil für sie »alle Traditionen und Kulturen gleich fragwürdig geworden sind« und sie sich daher keiner Tradition mehr verpflichtet fühlen, zählt Hannah Arendt sie zur »verborgenen jüdischen Tradition«, in der sie die Botschaft einer »bedeutsamen neuen Idee vom Menschen« (VT 47) entdeckt. Die differentia specifica ist das kritische Verhältnis zu jeder vorgegebenen Tradition oder Norm, die den Raum für ein unabhängiges Urteilsvermögen eröffnet. Die verborgene Tradition gehört nicht der herrschenden Kultur an. Sie besteht aus vergessenen Bruchstücken, die zwischen die Trümmer der Geschichte fielen und nur über ein Gegenlesen der Überlieferung entdeckt werden können. Die Arbeit des Entdeckens jedoch, die Arendt mit den von Benjamin entlehnten Bildern des Sammlers und Perlentauchers umschreibt, läßt sich keineswegs als ein direkter Zugang zu »tiefer liegenden und daher nicht unmittelbar zugänglichen Phänomenen« begreifen. Tiefe ist in Arendts Verständnis immer beides: Verborgenheit und Bodenlosigkeit. Insofern hat die verborgene Tradition auch nicht die Qualität einer Substanz, die von den geschichtlichen Wechselfällen unberührt geblieben ist. Es handelt sich um eine komplexe Gedankenfigur, in der auch folgende paradoxe Stellungnahme zu Heinrich Heine möglich wird: »Sich taufen lassen und zu sagen, man hätte lieber silberne Löffel gestohlen, das war erheblich mehr als sich nicht taufen zu lassen. Das war wirklich vorurteilsfrei. Souverän, das einzig Mögliche.« (BWB, 10. August 1959) Unter bestimmten Bedingungen kann das Nein zum Judentum genauso authentisch sein wie das Ja, wenn ihm jene Selbstverständlichkeit eignet, die Hannah Arendt mit

Vorurteilslosigkeit und Selbstbewußtsein konnotiert. In ihrer Biographie Rahel Varnhagens gibt sie dieser komplexen Situation von objektiver gesellschaftlicher Randstellung und spontaner Befähigung zu einem eigenen unabhängigen Urteil zum ersten Mal den Namen »Paria«.

Die Vorstellung vom Paria markiert einen Einschnitt in ihrer Biographie. Der Paria ist ihre erste theoretische und politische Antwort auf den Totalitarismus. Der Begriff ist von Max Weber übernommen, bei dem der Paria soziologisch die gesellschaftliche Randstellung einer bestimmten Gruppe bezeichnet. Arendt stellt den Paria in den Kontext ihrer Auseinandersetzung mit dem Antisemitismus, für die Kurt Blumenfeld der erste wichtige Diskussionspartner wurde. Durch ihn wird sie mit dem politischen Gedanken konfrontiert, daß es zwar »eine deutsche Kultur, aber keine deutsche Zivilisation« gegeben habe, wodurch alle Bestrebungen zur Assimilation in den Bannkreis autoritärer und naturalistischer Ideologien gerieten. Differenziertere Konturen gewinnt die Vorstellung vom Paria durch das Studium von Leben und Werk des in Frankreich lebenden jüdischen Journalisten und Dreyfusiards Bernard Lazare. Wie bei Lazare hat der Paria in Arendts Darstellung keineswegs nur die Funktion, die objektive soziale Realität eines von der Gesellschaft Diskriminierten und Ausgeschlossenen zu bezeichnen. Es kommt eine subjektive Dimension hinzu, nämlich die Entscheidung, die Regeln dieser Gesellschaft nicht zu akzeptieren, und damit auch das Bewußtsein für die eigene Teilhabe an der Geschichte zu größerer Vorurteilslosigkeit zu schärfen. Durch die Verknüpfung objektiver und subjektiver Elemente wird bereits das von Weber vorgegebene sozio-kulturelle Erklärungsmuster überschritten, und zugleich erhält der Paria jene nicht fixierbare Dimension, die sich nicht definieren läßt, sondern eher den Weg zu einer Erkenntnis beschreibt. Für Arendt ermöglicht dieser Spielraum, feststehende Wahrheiten umzudenken. Angesichts der Erfahrung, in welchem Ausmaß Intellektuelle bereit waren, sich mit dem Nationalsozialismus zu arrangieren, und nicht nur zu arrangieren, sondern sich zu ihm »etwas einfallen zu lassen«, begann Arendt darüberhinaus mit einer Gedankenbewegung, in der sie die Vorstellung vom jüdischen Paria zu einer Problematik erweitert, die *jeden* betrifft. Der Paria wird zu einer Existenzweise, die in bestimmten Situationen, vor allem in den »finsteren Zeiten«, die einzig mögliche ist, um das Urteilsvermögen vor dem Zwang zu Konformismus und Anpassung zu retten.

Die »deformation professionelle« betraf vor allem auch Heidegger, bei dem Arendt 1923 begonnen hatte, Philosophie zu studieren, angezogen von einer neuen Art des Philosophierens, das, gerade weil es davon ausging, daß der Faden der Tradition gerissen sei, die Vergangenheit neu entdeckte. Mit ihrem Buch über Rahel Varnhagen beginnt sie eine Gegenrichtung einzuschlagen zu dem Vorhaben Heideggers, ein den Traditionsbruch riskierendes Denken in die Substantialität einer geschlossenen Welt zurückzuführen, nämlich die neuen Fragen und Inhalte in den »alten ontologischen Rahmen spannen zu wollen«. Daß Hannah Arendt ihre Haltung in Form einer Biographie zu entwickeln versucht, macht das Paradoxe ihres Vorhabens aus. Denn die Biographie ist strukturell ein Genre, das von dem Anspruch auf Kohärenz und Sinngebung geprägt ist.

Die beiden Kapitel ihrer Rahel-Biographie, in deren Zentrum ihre Überlegungen zum Paria stehen, schrieb Hannah Arendt in Paris, wohin sie nach einer kurzen Verhaftung geflohen war. Nun erst verfügt das Buch über eine Achse, um deren Fixpunkte – als »Jüdin und Schlemihl geboren« und »Aus dem Judentum kommt man nicht heraus« – sich das ganze Leben Rahels zu drehen scheint. Die Gewaltsamkeit dieser Konstruktion, die von vielen bemerkt worden ist, spiegelt in gewisser Weise die Elementarität wider, in die sie das erste politische Engagement versetzte. Arendt hatte bis dahin nur mit Blumenfeld politische Diskussionen geführt. Der philosophische Kreis um Heidegger gab sich politisch indifferent, bis zur Machtergreifung des Nationalsozialismus. Angesichts der disqualifizierenden Tatsache von 1933 war für Hannah Arendt nicht das Problem, was »unsere Feinde taten, sondern was unsere Freunde taten«, die philosophischen Freunde, unter denen die »Gleichschaltung sozusagen die Regel« war. Jetzt in Paris stehen ihre intellektuellen Begegnungen in einem klaren politischen Kontext: Ihr späterer Mann, Heinz Blücher, ein ehemaliger Spartakist und philosophischer Autodidakt, gehören dazu, ebenso Walter Benjamin, der letzte homme de lettres und »seltsamste Marxist«, dessen geschichtsphilosophische Thesen sie 1941 mit ins amerikanische Exil nahm und in die Landschaft ihres Denkens einfügte.

Die Konstruktion Arendts, das Leben Rahels in das Spannungsfeld zwischen die beiden Pole Parvenue und Paria zu versetzen, steht im Zeichen der Politik, aber sie ist keine Verengung auf Politik. Arendt setzt eine Zäsur gegen alle Formen der Eingemeindung Rahels in die Fülle aufklärerischer und romantischer Existenzmöglichkeiten, die sich am Horizont eines glücklichen Augenblicks deutscher Geschichte abzuzeichnen schienen. Diese Zäsur ist deshalb unhintergehbar, weil sie *nicht* der einfache Ausdruck einer politischen Haltung ist. An der Existenz des Paria macht Arendt deutlich, was die Gesellschaft als das Andere, Fremde tabuisieren und unterdrücken muß; sein Schicksal modelliert die Lücken der Gesellschaft als »positive schreckliche Realität« heraus. In der Situation des Paria kommt somit eine Erfahrung zum Ausdruck, die jeden angeht, nämlich daß Identität und gesellschaftliche Anerkennung auf dem Verlust von Menschlichkeit beruhen. Der selbstbewußte jüdische Paria kann auf einen Aspekt im Außenseiterdasein aufmerksam machen, der nicht durch ein Programm sozialer und kultureller Emanzipation aufhebbar ist. Er konfrontiert uns mit einer Fremdheit und Andersheit, die nicht mit einer denkbaren Synthese erfaßt werden kann und die ein Nachdenken erfordert, das die Versuchung des identifizierenden Denkens außer Kraft zu setzen vermag. Damit werden der klassische Humanitätsgedanke, das gelungene Zusammenspiel von Selbstverwirklichung und gesellschaftlicher Möglichkeit, als das Vorrecht Privilegierter verworfen als auch die metaphysische Versöhnungsidee, daß das jüdische Schicksal stellvertretend für die gesamte Menschheit stehe. Menschlichkeit bildet sich am Rande der Gesellschaft, in der Ortlosigkeit des Paria, aber sie ist nicht identisch mit ihr. Arendt widersteht dem Verlangen, dem Außenseiter eine soziale oder ästhetische Heimat zu geben. Die Ortlosigkeit des Paria läßt sich nicht aus einem Horizont denken, in dem die Aufbrüche immer schon von einem Begreifen identifiziert werden. Nur wenn die Existenz des Paria als eine unsichere und vorläufige verstanden wird, und nur wenn zugleich die Welt, jener weder auf das Selbst noch auf die Ökonomie reduzierbare öffentliche Raum, in dem die Menschen ihre gemeinsamen Belange regeln, nicht verdrängt wird, ist es richtig zu sagen: Die Fähigkeit, Geschichte zu beurteilen, wird daran gemessen, wieweit man ihr widerstehen kann, oder mit einem Wort Hannah Arendts: »Die siegreiche Sache gefällt den Göttern, die unterlegene aber gefällt Cato.« (LdG I, 212)

Alle Parias, die Arendt zur verborgenen Tradition zählt, zeichnen sich durch eine eigenwillige Realitätsnähe aus, durch die in einer »Überspannung von Leidenschaft und Einbildungskraft« erkämpfte individuelle Fähigkeit, sich in Distanz zur Realität zu begeben, die trennt und zugleich dazu befähigt, sich in einer unverstellten Aufmerksamkeit ihr zuzuwenden, um einer Wahrheit willen, für die erst ein Ort geschaffen werden muß. Individualität gründet also im Wahrnehmen und Wahrmachen von Differenz, die ihre authentischste Form in der Fähigkeit erreicht, sich selbst in den

Augenblick der Verantwortung zu stellen, d.h. das Individuelle in einer gemeinsamen politischen Verantwortung zu übersteigen und damit zu verhindern, daß In-Differenz wuchernde Realität wird. Die Frage des Rechts auf Individualität ist weder individuell lösbar noch erschöpft es sich im Selbstbestimmungsrecht von Kollektiven, wie es umgekehrt keinen Ort hat in der zum reinen Denken abstrahierten Vernunft und geregelten Menschlichkeit, auf die hin alle Fremdheiten und Besonderheiten auszugleichen sind. Die Individualität privilegiert nicht, sie hat einen ethischen und politischen Sinn. In ihren späteren Überlegungen zur Politik formuliert Arendt präziser. Die Politik ist deshalb der authentische Bereich individueller Existenz, weil nur dort die Pluralität in ihrer unreduzierbaren Faktizität erfahren werden kann. Das Thema des Paria wird also mit dem Thema der Differenz verknüpft, und diese Verknüpfung gibt Arendt Gelegenheit, sich mit den Haltungen von Aufklärung und Romantik kritisch auseinanderzusetzen, soweit sie sich im »Selbstdenken« zusammenfassen lassen, jenem von realer Differenz entlasteten Denken, das »ohne Wissen und ohne Erfahrung jedem Vernünftigen zugänglich ist« und das sich als ein ideales Betätigungsfeld für »gebildete Ignoranten« erweist, die »nur alte Vorurteile abzustreifen, vom Denken sich zu befreien brauchen, um Zeitgenossen zu werden«. Innerhalb einer solchen »aufgeklärten Zauberei« wäre auch die jüdische Pariaexistenz nicht dagegen gefeit, zum Bild der Ortlosigkeit schlechthin stilisiert zu werden, in dem die Menschheit stellvertretend ihre Wünsche nach dem Außerordentlichen ästhetisch sublimiert.

Von einem anderen Phänomen selbstverständlicher Menschlichkeit des Paria spricht Arendt, wenn unter dem Druck der Verfolgung die Menschen buchstäblich so nah zusammenrücken, bis der »Zwischenraum, den wir Welt nennen«, verschwunden ist. Diese Menschlichkeit, betont sie, ist ein Vorrecht der Unterdrückten und kann von denen, »die nicht dazugehören, nicht ohne weiteres, auch nicht durch den Affekt des Mitleidens, angeeignet werden«. Für die politische Welt ist sie nicht nur irrelevant, sondern sogar gefährlich. Denn die Kehrseite dieser natürlichen Menschlichkeit ist »oft ein so radikaler Weltverlust ..., daß man in extremen Fällen, in denen das Pariatum über Jahrhunderte angedauert hat, von wirklicher Weltlosigkeit sprechen kann. Und Weltlosigkeit ist immer eine Form der Barbarei.« (MfZ 31 ff.) Ist der individuelle Paria durch seine Abkehr von jeder Tradition dagegen gefeit, seine augenblickliche Position in eine substantielle Heimat umzudeuten, so gilt das gleiche nicht für ein ganzes Volk. Hier wiederum entsteht die Gefahr der Deformierung des Politischen zur Natur. Arendt widersteht nicht nur dem Verlangen, den Außenseiter zum Repräsentanten einer Gegenwelt zu machen, sie konzentriert ihr ganzes Interesse darauf, im Sinne einer Trennung zwischen Kultur und Politik auf der einen und Natur auf der anderen Seite zu argumentieren. Hier kündigt sich ein Thema an, das sie in dem Kapitel »Über die Aporien der Menschenrechte« in ihrem Buch *Elemente und Ursprünge totaler Herrschaft* erörtern wird. Mit der Durchsetzung des Nationalstaatsmodells seit der Französischen Revolution geriet tendenziell jeder, der nicht Angehöriger der Nation war, in die Position des Paria. Denn die Menschenrechte wurden nur noch als nationale Rechte garantiert, so daß dem bloßen Menschsein gar kein Recht mehr entsprang. Wenn die politische Verfassung nicht mehr den Raum garantiert, in dem Gleichheit und Pluralität erfahrbar sind, dann war die »Distanz des Paria zu allem Menschenwerk« der erste Schritt, um die Menschenwürde und den Raum, in dem sie Sinn und Existenz findet, wiederherzustellen.

In der Antwort, die Hannah Arendt auf die Aporien des Paria zu geben versucht, überkreuzen sich mehrere Antworten, die sich nicht zu einer Synthese zusammenfassen lassen. Der Paria ist keine Abstraktion einer dem jüdischen Volk gemeinsamen Natur, und dennoch konzentriert sich in ihm

Realität, die das jüdische Volk in der Diaspora betrifft. Die selbstbewußte Anerkennung, Jüdin zu sein, als einzig adäquate Antwort, die der Realität des Verfolgtseins Rechnung trägt, wird nicht als neue historische Identität verstanden, sondern als Rückgewinnung individueller Existenz in der politischen Verantwortung. Gerade weil der Paria nicht zu einem nationalen und natürlichen Volk gehört, berechtigen seine Erfahrungen zu der Hoffnung, Politik aus nationalistischen und autoritären Bezügen zu lösen und aus dem Geist individueller Verantwortung zu rekonstruieren. Und umgekehrt spiegelt seine Weltlosigkeit in erschreckender Weise die Situation des modernen Menschen wider und die Gefahr, die durch die Zerstörung traditioneller Ordnungen entstandene Verlassenheit in der Sicherheit der Gleichschaltung zu kompensieren. Je nach wechselnden historischen Konstellationen betont Arendt die produktiven, die schwierigen und negativen Seiten des Paria, setzt sie neu zusammen, knüpft eine Kette von Transformationen: der Paria als homme de lettres, in der Heimat- und Ortlosigkeit des denkenden Ich, in den spontanen Bewegungen, für die sie sich weniger wegen ihrer Basisnähe interessiert als wegen der erweiterten Möglichkeiten zu individueller Verantwortung. Der Paria ist nicht das Paradox, das zur Aporie versteinert, im ästhetischen Diskurs seine Bestimmung erführe. Arendt entwickelt mit ihm eine Gedankenfigur, in der Anwesenheit und Abwesenheit, Bestimmtheit und Unbestimmtheit, Wahrheit und Irrtum immer schon zusammengesetzt sind. Sie macht den Paria zur Spur, welche die abendländische Kultur durchzieht, Spur der Herausforderung, die der Fremde an das Leben und Denken in geschlossenen Welten stellt, Spur der Fähigkeit zum freien Urteilsvermögen und Handeln, in dem das Versprechen der Gemeinschaft erneuert wird, Spur des Scheiterns und des unvorstellbaren Grauens, wenn die Verlassenheit absolut wird durch die Verweigerung, »die Erde zusammen zu bewohnen«.

Diese Spuren lassen sich nicht mehr zu *einer* verstehbaren Erzählung konfigurieren. In den verschiedenen Kontexten, in denen Arendt sich die Frage nach der Erzählbarkeit von Geschichte stellt, des Totalitarismus, der Vita Activa, ihres Buchs über die Revolution, ihrer Erörterungen über Macht und Gewalt oder ihres philosophischen Werks über das Denken und Urteilen, versucht sie eine Antwort zu geben, die nicht den Effekt der Rechtfertigung und der falschen Aussöhnung hat: »Daher war mein erstes Problem, wie man historisch über etwas – den Totalitarismus – schreiben kann, den ich nicht erhalten wollte, sondern im Gegenteil, mit dessen Zerstörung ich mich befaßte.« (AR 77)

1.2 Vom Ende der Philosophie

1.2.1 Die »Lebenszeugnisse einer Jüdin« als Antwort auf Heideggers »Sein und Zeit«

Am 26. August 1949 schrieb Hannah Arendt an Dolf Sternberger: »Daß er (Heidegger) die Grundlagen des abendländischen Denkens... antastet, schreckt mich nicht. Auf seine vornehm gelassene und maßhaltende Weise tut das Jaspers doch auch, wenn er den Rahmen der westlichen Kultur auf jeden Fall sprengen will ... Wie man es dreht und wendet, das ist heute ein Gefängnis geworden, aus dem Heidegger gewalttätig ausbricht; was auf mich, wie Du siehst, seinen Eindruck nicht verfehlt hat. Aber selbst wenn das wieder ein Holzweg sein sollte, wenn es auch nur im mindesten echte Philosophie ist, hat Polemisieren gar keinen Sinn. Gegen Philosophie hilft nur Philosophie. Und ich habe keine eigene auf Lager.«[2]

Was ist unter der behaupteten philosophischen Inkompetenz zu verstehen? Keineswegs kann es sich um eine verstellte persönliche Rücksichtnahme handeln, denn Arendt hat mit ihrem Aufsatz »Was ist Existenzphilosophie?« eine scharfe Kritik an Heidegger verfaßt. In ihm zeigt sie, daß sie der Frage nicht ausgewichen ist, ob es in der Philosophie Heideggers Elemente gibt, die mit seinem politischen Eintreten für den Nationalsozialismus verknüpfbar sind. Und zwar bezieht sie diese Frage nicht nur auf die offenen völkischen Haltungen, sondern auf Denkrichtungen in *Sein und Zeit* selbst. Allerdings lehnt sie es ab, eine Folgerichtigkeit zwischen der Philosophie Heideggers und seiner politischen Entscheidung für den Nationalsozialismus zu behaupten. Eine solche Argumentationsfigur käme strukturell der Zwangsgesetzlichkeit gleich, die Arendt als das logische Grundmuster totalitären Denkens kritisiert.

Betrachten wir den theoretischen Weg Arendts, so läßt sich weder eine entschlossene Abkehr von der Philosophie noch eine entschlossene Rückkehr zu ihr feststellen. Am Beginn steht eine mehr philosophische Episode – die Dissertation über den *Liebesbegriff bei Augustin;* am Ende ihres Lebens ein philosophisches Werk *Vom Leben des Geistes,* das unvollendet bleibt. Dazwischen ihre politischen Schriften, die sie berühmt gemacht haben: *Elemente und Ursprünge totaler Herrschaft, Eichmann in Jerusalem, Über die Revolution, Macht und Gewalt.* Auf sie bezieht sie sich, wenn sie von sich behauptet, nicht Philosophin, sondern politische Theoretikerin zu sein. Neben dieser offensichtlichen Eigentümlichkeit ihrer theoretischen Entwicklung gibt es jedoch noch eine zweite, strukturelle. Alle ihre Werke werden durch mehrere Texte vorbereitet, die Arendt wegen ihrer Vorläufigkeit als Essays bezeichnet. Die Verwendung des Begriffs Essay signalisiert das im Augenblick theoretisch Mögliche und einen Mangel in der Darstellung. Ein Text wird antizipiert, der eine dem Gegenstand angemessene Kritik zu leisten imstande ist und das Vorläufige des Essays überschreitet. Tatsächlich hat Arendt auf ihre Essays Bücher folgen lassen, welche die Gedankenwelt fortführen und in einen größeren Entwurf integrieren, der sich mehr Zeit läßt für die Darstellung der Zusammenhänge und ihre innere strukturelle Verflechtung. Der Essay wäre dann den Formen des raschen Wissens zuzuordnen, das einen genauen Gedanken pointiert, statt ihn aus seinen verschiedenen Elementen zu entwickeln.

Äußerlich gesehen ist der Wechsel von Essay und Buch oder ausgearbeitetem Werk charakteristisch für die Schreib- und Publikationsweise Arendts. Betrachtet man jedoch den inneren Aufbau ihrer Texte, so wird die behauptete Trennung zwischen Essay und Werk problematisch. Ihre Texte gleichen eher einem Netzwerk von Gedankenkonstellationen, deren Überzeugungskraft nicht darin differiert, daß sie größeren oder kleineren Raum für die Entwicklung der Gedanken beanspruchen. Was den Texten Arendts generell den Charakter des Essays verleiht, ist nicht das, was sie das Vorläufige nennt, das Phänomen, daß ein Argument abbricht oder zu schnell hervorbricht. Der Bruch, der ihre Texte durchzieht, resultiert aus einem Denken, dem der sichere Besitz der Tradition abhanden gekommen ist und das nicht durch eine neue Theorie zu überzeugen sucht, sondern dadurch, daß es Denkwege eröffnet. Die Anerkennung des Verlustes eines »festen Geländers« als unhintergehbare geschichtliche Zäsur ruft in ihrem Werk eine doppelte Bewegung hervor: Durch den Traditionsbruch ergibt sich die Chance, den hegemonialen Anspruch eines Diskurses nach außen *und* innen außer Kraft zu setzen. Kein theoretischer Bereich kann mehr für sich beanspruchen, die alle anderen Bereiche überdachende Synthese zu denken; aber auch die immanente Geschlossenheit des Fachs ist nicht zu akzeptieren. In Arendts Texten selbst läßt sich diese Auseinandersetzung am Beispiel der komplexen Beziehungen zwischen Philosophie und Politik ablesen. So bestimmt die Politik häufig den Ort, an dem sie den Boden der philosophischen

Reflexion betritt, wie in ihrem Werk *Über das Leben des Geistes*, an dessen Anfang die Erfahrungen des Eichmannprozesses stehen. Und umgekehrt konfrontiert sie den Leser an zentralen Stellen ihrer politischen Schriften mit einer philosophischen Reflexion. In einer irreduziblen Weise ist ihre Methode des Philosophierens mit ihren politischen Einsichten legiert, und in ihren Haltungen als politische Theoretikerin sind ihre Erfahrungen als Philosophin gegenwärtig. Die Philosophie verschwindet also nicht aus ihrem Werk, aber man kann offensichtlich nicht von Arendt als von einer Philosophin sprechen. Doch in welcher Weise läßt sich Arendt auf die Philosophie und insbesondere auf die Philosophie Heideggers ein?

Durch ihr ganzes Werk zeigt sie sich fasziniert von der Haltung Heideggers, den Zugang zur Philosophie nicht über die Geschichte von philosophischen Schulen zu eröffnen, sondern durch die Lektüre von Texten. Doch merkwürdig ist, daß sie für ihre erste Arbeit, die sie nicht zur Erlangung eines akademischen Grades, sondern als Buch konzipierte, ein Genre wählte, das Heidegger keiner Beachtung für Wert hielt: das der Biographie. Für dieses Genre, das wie kein anderes durch den Anspruch auf Kohärenz geprägt ist, hatte Heidegger bekanntlich nur den verächtlichen Satz bereit: »Er wurde geboren, er arbeitete und starb.«

Hannah Arendts Entscheidung für die Biographie ist jedoch alles andere als eine Rückkehr zur Sicherheit von Sinngebung und Kohärenz durch eine Darstellung, die nur den bereits im Leben sich zeigenden Zusammenhang nachzubilden beabsichtigt. Was sie mit der Vorstellung der Biographie zu umschreiben versucht, ist ein komplexer Text, in dem sie ihre Lektüren von Heidegger, Augustinus und Aristoteles zu einer neuen Einheit verarbeitet, welche die innere Architektur der Biographie zerstört und das Biographische als Bruchstück bewahrt.

Betrachten wir zunächst die Argumente, mit denen sie die Wahl der Biographie als Darstellungsmedium rechtfertigt:

»Es scheint, als seien bestimmte Personen in ihrem eigenen Leben ... derart exponiert, daß sie gleichsam Knotenpunkte und konkrete Objektivationen ›des‹ Lebens werden. Bei der Rahel liegt meiner Objektivation schon eine Selbstobjektivation zugrunde, die nicht eine reflektierende, also nachträgliche ist, sondern von vornherein der ihr eigentümliche Modus des ›Erlebens‹, der Erfahrung. Was dieses alles eigentlich ist: Schicksal, Exponiertheit, es ist mit dem Leben etwas gemeint – kann ich nicht ... in abstracto sagen, sondern höchstens vielleicht exemplifizierend aufweisen. Gerade deshalb will ich auch eine Biographie schreiben.« (BWJ 48)

Die Gedankenfigur konkret-abstrakt, in die Arendt ihre Entscheidung einordnet, scheint zunächst nur die alltagssprachliche und konventionelle Lesart zu wiederholen, nach der das Biographische dem Leben näher steht als die Theorie. Doch ihre Entscheidung für die Biographie ist komplizierter. Es lassen sich zwei argumentative Ebenen ausmachen, die miteinander verschränkt sind. Die erste baut sich aus Arendts Skepsis gegenüber allen Vefahren auf, die zu einem hegemonialen Interpretieren verleiten. In einer 1930 verfaßten Rezension von Karl Mannheims *Ideologie und Utopie* schreibt sie, gegen Soziologie und Psychologie gewendet, daß beide immer den »Umweg« über eine »ursprünglichere Realität« gingen und damit sich die Möglichkeit verstellten zu einem »direkteren Verstehen, das das Verstandene als das nimmt, als was es sich gibt.« (PhuSo 168) Demgegenüber behauptet sie, es gäbe eine Methode des Verstehens, die dem Sprechen über eine Person entgegenarbeitet und einen »direkten«, von subjektiven Besitzansprüchen freien Zugang zu eröffnen vermag. Die Produktivität einer solchen Methode hatte Arendt durch die Lektüren der griechischen Philosophie in Heideggers Seminaren erfahren:

> »Technisch entscheidend war, daß z.B. nicht *über* Plato gesprochen und seine Ideenlehre dargestellt wurde, sondern daß ein Dialog durch ein ganzes Semester Schritt für Schritt verfolgt und abgefragt wurde, bis es keine tausendjährige Lehre mehr gab, sondern nur eine höchst gegenwärtige Problematik.« (MH 894)

Ihre Darstellungsmethode ist also verbunden mit der Entscheidung für den Dialog und gegen die Dialektik, die ohne Zögern als Verfügungswissen abgelehnt wird. Doch ebenso einsichtig ist, daß die Methode des direkten Verstehens, die ja keine einfache beschreibende Betrachtung sein, sondern einen Dialog in Gang setzen soll, der das vergangene Denken zu einer gegenwärtigen Problematik macht, mit dem Genre Biographie nicht zu vereinbaren ist.

Betrachten wir die zweite Ebene der Argumentation, auf der sie ihre Haltung gegenüber der Biographie entfaltet und deren Ausgangspunkt die jüdische Existenz unter den Bedingungen der abendländischen europäischen Kultur ist. Anläßlich einer späteren Rezension von Peter Nettls Buch über Rosa Luxemburg macht Arendt einige Anmerkungen zur Biographie, die einen Fingerzeig geben, in welcher Weise sie ihr Projekt verstanden wissen will:

> »Es war ein genialer Einfall von Peter Nettl, ein so unwahrscheinliches Thema wie das Leben Rosa Luxemburgs dafür auszuwählen, denn dies ist ja die klassische Form für die Lebensbeschreibung großer Staatsmänner und ähnlicher Persönlichkeiten, und Rosa Luxemburg war alles andere als das.« (RL 49)

Ein unwahrscheinliches Thema ist auch Rahel Varnhagen. Da sie neben der Gesellschaft steht, fällt auch sie aus der Einheit des Gegensatzes von Individuum und Gesellschaft heraus. Diese aber ist die unerläßliche Voraussetzung dafür, daß »das farblose Licht der historischen Zeit durch einen bedeutenden Charakter hindurchgeschickt (werden kann) und von ihm wie in einem Prisma gebrochen« wird, um »in dem entstehenden Spektrum die völlige Einheit des Einzellebens und der Welt« zu verwirklichen. (RL 50) Rahel kann sich weder zustimmend noch konfliktuell zum Teil der Gesellschaft machen. An deren Stelle tritt nun die Selbstobjektivation, ein Begriff, der an Heideggers »Selbstwelt« erinnert. Mit ihm wollte Heidegger das klassische erkenntnistheoretische Problem der Entgegensetzung von Subjekt-Objekt in Richtung dreier strukturell miteinander verflochtener Daseinsformen überschreiten: von Selbstwelt, Mitwelt, Umwelt. Arendt verwendet den Begriff jedoch nicht generell, sondern bezogen auf ein bestimmtes Leben, das dadurch exponiert ist, daß es sich von der Wirklichkeit treffen läßt wie »Wetter ohne Schirm«. Dieser »eigentümliche Modus des ›Erlebens‹, der Erfahrung« kann auf dem »Boden des Judeseins« entstehen. Die bestimmte Existenzweise, die hier möglich wird, will Arendt in »aller Vorläufigkeit als Schicksalshaftigkeit« verstanden wissen. Sie ist aber nicht mit der Zwangsläufigkeit des Schicksals in der klassischen Tragödie zu identifizieren. Denn sie entsteht »auf dem Grund einer Bodenlosigkeit und vollzieht sich gerade *nur* in der Abgelöstheit vom Judentum.« (BWJ 47)

Rahel ist also doppelt exponiert: durch ihre jüdische Existenz und durch die Art und Weise, wie sie Erfahrungen macht. Die Verdoppelung evoziert eine ständige Bewegtheit und bleibende Positionslosigkeit in der Welt, so daß Arendt bei allen Assimilationsversuchen Rahels einen nicht schließbaren Riß feststellt, durch den sie von den angestrebten gesellschaftlichen Identitäten getrennt bleibt. Diesen Riß begreift Arendt nicht als aufzuhebende Differenz, sondern als Wirklichkeit gegen die gesellschaftliche In-Differenz. Diese Differenz ist umso authentischer, je weniger sie sich in die organische Kontinuität einer ererbten Tradition stellt und je mehr sie aus der freien individuellen Entscheidung hervorgeht, aus der »gewählten Unsicherheit eines sich exponierenden Lebens«. An dieser Stelle wird deutlich, daß die Erfahrungen Rahels nur gerettet werden können, wenn das Konzept der Biographie aufgegeben wird. Eine Entwicklungsgeschichte zu konstruieren, würde heißen, das Leben Rahels als eine Folge vergeblicher Assimilationsversuche zu lesen. Das gerade will Arendt verhindern. Ihr Text entschlüsselt sich daher als eine komplexe Montage aus narrativen, philosophischen, politischen und historischen Diskursen, und die Modalitäten dieses Konzepts verdankt sie einer kritischen Auseinandersetzung mit Heideggers *Sein und Zeit*.

Arendts Methode, die Selbstobjektivationen Rahels jenseits aller Ideologiekritik als positive Experimente zu beschreiben, sie auszuschreiten, wie man Räume ermißt, ist ganz im Horizont Heideggers zu verstehen, »etwas Ansprechen, wie es sich zeigt und nur soweit es sich zeigt«. Ihre Beschreibungen der Gesprächskultur des Salons verstehen es, die Souveränität und den Einfallsreichtum dieser künstlichen Veranstaltung präsent zu machen, in der die simulierte Gleichheit der Personen zu einer unendlichen Vervielfältigung subjektiver Hervorbringungen motivierte. Doch diese Kunst der Verknüpfung im Unendlichen verlaufender Gespräche bleibt den Strukturen alltäglicher In-Differenz verhaftet. Im »reinen Selbstdenken« ist die Infragestellung vorgegebener Ordnungen losgelöst von einem wirklichen Verständnis für die eigentlichen Unterschiede, da »kein Außen« sie mehr behelligt und »kein Handeln mehr verlangt wird, dessen Konsequenzen auch den Freiesten einschränken«: »Die Erwartung des Außerordentlichen läßt die Realität gleichsam nie zu Wort kommen.« (RV 20) An der Übermacht der Möglichkeiten prallt jede Wirklichkeit ab. Der Text, den Arendt hier schreibt, folgt der Dramaturgie von Heideggers entsprechenden Kapiteln in *Sein und Zeit*, in denen er das uneigentliche Dasein des Alltags beschreibt, das Gerede, die Neugier, die Zweideutigkeit, die nicht aufgrund von Zufällen und falschen Entscheidungen zustande kommen, sondern existentielle Faktizitäten sind, welche »die Seinsart des Verstehens und Auslegens des alltäglichen Daseins« konstituieren und deshalb auch nicht in einer »herabziehenden Bedeutung zu kritisieren sind.«[3] So wird Heideggers Analytik des Daseins zu einem Medium, mit dessen Hilfe die lineare Zeit der Biographie dekonstruiert und durch die Montage von Räumen, welche die existentielle Dichte von Erfahrungen haben, ersetzt wird. Die Differenz zu Heidegger ergibt sich erst an der Frage, wie dieser Raum unbestimmter Anonymität und Isoliertheit verlassen werden kann. Während Heidegger diese Frage im Rahmen der ontologischen Gegenüberstellung der Metaphern des Eigentlichen als der »Behaustheit« und des Uneigentlichen als der künstlichen und abstrakten Welt des Man erörtert, beginnt Arendt mit einem Diskurs über das Fremd-Sein, der sich aus den bei Heidegger festgeschriebenen Konnotationen von Angst, Schwermut und Selbstbehauptung in der Ohnmacht und Endlichkeit des Daseins herauslöst. Mit dem Satz von Rahel »Fremd-Sein ist gut« beginnt sie über die Möglichkeiten individueller Existenz an den Rändern von Gesellschaft und Geschichte zu reflektieren, die nicht analytisch von ihnen ihre Bestimmung erfahren.

Das unvergleichlich Exzeptionelle, das Arendt gegenüber allen zeitkritischen Diagnosen des Fremd-Seins im Zuhause herausarbeitet (gegenüber Freuds Theorie des Unbewußten, Heideggers Unheimlichkeit im Vertrauten) hat Jaspers eher seismographisch denn theoretisch pointiert, wenn er kritisch gegen Arendts Darstellung einwandte, das Buch erwecke »die Stimmung, als ob ein Mensch als Jude eigentlich nicht recht leben könne.« (BWJ 230) Die Antwort Arendts wiederum spricht von einer Fremdheit, die offensichtlich innerhalb von Jaspers' Erfahrungshorizont nicht verstehbar war: Gerade »unter den Bedingungen der gesellschaftlichen Assimilation und staatlichen Emanzipation« konnten Juden nicht leben. Arendts Antwort wäre mißverstanden, würde man sie als reine sozio-kulturelle Sensibilität den Grenzen gegenüber lesen, die »gerade den völlig Integrierten aus ihrer Umgebung entgegentraten.«[4] In ihr steckt als komplexer Gedanke die Kritik an jeder Form vorgängiger Determination, sei sie ontologisch, naturalistisch oder geschichtlich definiert, der die Macht zugesprochen wird, ein letztes Urteil zu fällen. Die Bodenlosigkeit Rahels ist nicht als eine Region des Seins denkbar. Ihre Fremdheit bezieht sich nicht auf ein Schicksal, sondern auf die verfehlte Pluralität. Den verstehenden Zugang zu dieser Bodenlosigkeit, die zugleich als Widerstand gegen das Nicht-Sein interpretiert wird, eröffnet sich Arendt durch eine Verarbeitung der aporetischen Reflexionen von Augustinus über die Zeit, die sie anläßlich ihrer Dissertation studiert hatte. In ihrer Lesart hatte Augustinus die Aporie: Wie kann Zeit sein, wenn die Vergangenheit nicht mehr, die Zukunft noch nicht und die Gegenwart nicht immer ist, darstellbar gemacht, indem er sich auf die subjektive Gewißheit der Sprache und der Erfahrung stützte. Sprache und Erfahrung können zwar keine Lösung der Aporie anbieten, aber sie können das konkrete Material, von ihr zu erzählen, bereitstellen. Sprache vermag die Menschlichkeit des Fremd-seins vor dem Verdrängen in das bodenlose Dunkel jenseits von Gesellschaft und Geschichte zu retten als auch vor einer mystischen Umdeutung in eine Utopie. Hier ist Arendts Kritik am Chassidismus anzusiedeln. Sichtbarsein durch Mitteilung ist eine Brücke, über welche die einzigartige Erfahrungs- und Wahrnehmungsfähigkeit Rahels – ihre »unmenschliche Klarheit« allen Lücken und Schwächen der Gesellschaft gegenüber – in die Welt gelangen kann. Erst wenn dieser Weg gewählt wird, gewinnt sie individuelle Existenz. Das Wort, das nicht gehört wird, ist nichtig, ebenso wie das Nichts sich überall dort ausbreitet, wo das Wort ungehört verhallt: »Denn für und in der Welt hat nur das Bestand, was mittelbar ist.« (RV 104) Die Erzählung ermöglicht es, die unerträgliche Folge bloßer Ereignisse im Medium der Vorstellungs- und Urteilskraft zueinander in Beziehung zu setzen, und das heißt auch zu begreifen, daß »das Schicksal sich nicht nur an einem vollzieht, sondern daß man kräftig mitagiert«. (RV 105) Eine Zeugenschaft, die in eine Beziehung der Verantwortung einzutreten bereit ist, indem sie den Ausweg in die Fiktion verweigert; die sich aus der »wahren und bodenlosen Schwermut dessen, der zu viel erfahren hat, als daß es ihm noch lohnen könnte, die Geschichte zu erzählen« (RV 116), herausgearbeitet hat, um eine Mitte zwischen Erinnerung und Vergessen zu finden, die kommunizierbar ist: »Wenn man nichts vergißt, ist der Weg wie zugemauert von Bekanntem.« (RV 109/10)

Hannah Arendts Aussage, daß ihre Darstellung exemplifizierend, d.h. biographisch zu lesen sei, wird nun verständlich. Es ist die konkrete und partielle Materialität der Selbstobjektivationen Rahels, die im Erzählen Raum findet, weil das Erzählen auch dem Unabschließbaren und Kontingenten Sinn zu geben vermag. So läßt sich die Wahl der Biographie als ein Votum für das Partielle und Kontingente lesen, das innerhalb einer Ontologie keinen Anspruch auf Darstellbarkeit hätte. Andererseits entfaltet Arendt das Biographische jenseits der es konstituierenden Ordnung, und zwar indem sie für ihre Darstellung den Heidegger des Traditionsbruchs gegen den Ontologen liest.

Eine weitere innere Beziehung besteht zu Aristoteles' Konzeption der Fabel und dem Konzept von Erinnerung und Erzählen, wie es den Horizont der griechischen Geschichtsschreibung gebildet hat. Arendt hatte in den Seminaren Heideggers Aristoteles studiert und in ihrer Lektüre einen anderen Weg eingeschlagen. Im Gegensatz zu Heidegger, der, Aristoteles folgend, den Vorrang der vita contemplativa betonte, hatte sie Aristoteles' Bestimmung des Politischen ihre Aufmerksamkeit geschenkt. Aus diesen Studien extrapoliert sie die Vorstellung von der Erzählung als einem konkreten Universellen. Danach ist die Erzählung nicht einfach Wiedergabe der Ereignisse, sondern ein konfigurierter Zusammenhang durch die nur dem Erzählen zukommende Fähigkeit, den Anfang mit dem Ende zu verknüpfen. Die Ereignisse stellen keine natürliche Einheit dar. Sie gleichen Knotenpunkten, an denen sich verschiedene Wege kreuzen. Die Fabel stellt durch Verkürzung und Verdichtung einen Zusammenhang her. Doch dieser Zusammenhang ist nicht deterministisch, sondern eine gewählte Konstruktion, die eine partielle Wahrheit darzustellen sucht. Im Gegensatz zur wissenschaftlichen Erklärung bewahrt die Fabel einen stofflichen Überschuß. Dieser Überschuß gleicht einer Öffnung, die unabschließbaren Fragen Raum gibt. An den offenen Enden einer Geschichte bricht sich jede Intention, den Autor oder eine Wahrheit in den Rang einer übergeordneten Instanz zu heben.

Kontingenz und verstehbarer Zusammenhang lassen sich aber nicht in der Form der Chronologie verknüpfen. Obwohl die äußere Folge der Kapitel in der Rahel-Biographie nur den zeitlichen Ablauf der verschiedenen Lebensabschnitte wiederzugeben scheint, folgt die Fabel einer komplexeren Strategie. Die Struktur der Verknüpfung ist die der Erinnerung, die wiederum auf die Lektüre von Augustinus verweist. Die Rückkehr Rahels zu ihrem Ursprung (das letzte Kapitel der Biographie behandelt das schließliche Bekenntnis Rahels zu ihrer jüdischen Existenz, so daß sich Anfang und Ende ihres Lebens begegnen) wird lesbar als eine Geschichte, die sich nicht schicksalsmäßig erfüllt, sondern in der die Zeit gegen ihr unerbittliches Verströmen angehalten wird durch einen Akt des Bruchs. Rahel wird wiederum zu der, die sie war, indem sie ihr Leben gegen den Strich liest. Arendt wiederholt die Geschichte Rahels, indem sie die Erinnerung an die Überlieferung in Beziehung setzt zu den eigenen Fragen.

Das Modell der Erzählung, das Arendt hier exponiert,

steht im Zeichen eines Werts, in dem sich ihre Art, Geschichte zu denken, abzeichnet. Geschichte wird nicht als Projekt in der Zeit des Fortschritts begriffen, sondern als Verknüpfbarkeit von Erfahrungen in der Zeit und quer zur Zeit.

Statt einer Biographie bietet ihr Text also eine strukturierte Montage, in der das Narrative und das Konstruktive miteinander verwoben sind. Damit nähern wir uns dem auffallendsten Phänomen ihres theoretischen Stils, das sie in methodischer Nähe zu Nietzsche zeigt: dem Wechsel von anspruchsvoller systematischer Darstellung zu Passagen, die in unmittelbarer Weise Erfahrungen sprechen lassen oder historisches Geschehen erzählen, dem Wechsel von historischen, philosophischen und literarischen Quellen, ohne daß deren theoretischer Stellenwert abgeleitet wird. Unschwer läßt sich in der Montage verschiedener theoretischer Ebenen eine grundlegende Haltung Arendts wiedererkennen, deren Bedeutsamkeit ihr durch das Studium der Funktionsmechanismen totalitärer Systeme immer deutlicher wurde: die Intention, der Zwangsläufigkeit im Denken zu widerstehen und durch den Wechsel der Diskurse ein genaueres Wirklichkeitsverständnis zu ermöglichen. So fordert die Komplexität der Realität dazu heraus, die vereinheitlichende, Konflikte und Kontingenzen normalisierende Ordnung eines Diskurses aufzugeben, während die Unterbrechung Gelegenheit bietet, die Vielfalt der dissoziierten und assoziierbaren Realitäten zu einer Konstellation zu versammeln, die oft den Charakter einer zur Entscheidung herausfordernden Alternative annimmt. Komplizierte Vorgänge werden auf diese Weise zu einer prägnanten, brennpunktartigen Erkenntnis zusammengezogen. Dabei entstehen Willkür und Genauigkeit. Doch hat Arendt nie versucht, theoretische Lücken durch eine geschichtsphilosophische Metatheorie zu kaschieren.

1.2.2 Denken in Brüchen: Heidegger – Benjamin – Kafka

»Die Sprache spricht uns das
zu Denkende zu.« (Hannah Arendt)

Die Ablehnung einer unbefragbaren Entität, heißt sie nun Natur, Geschichte oder Sein, durch die letztlich die Einheitlichkeit und Folgerichtigkeit eines Diskurses gerechtfertigt wird, führt Hannah Arendt zum Bruch mit der Philosophie. Aber ebenso distanziert sie sich von jedem bloß »polemischen Zugang«, der »nur so lange erlaubt (ist), wie sich der Autor auf den festen Boden traditioneller Werte stellen kann«.[5] Sie bewahrt Philosophie als Bruchstück. Doch was ist unter Philosophie als Bruchstück zu verstehen? Es sind, wie Arendt in ihrem Gedankenporträt zu Walter Benjamin und am Schluß ihres Buches über das Denken schreibt, »Perlen« und »Korallen«, die auf dem zeitlosen Pfad des Denkens entstanden sind und die nach ihrer »Veränderung durch die See« gleich verborgenen Schätzen wiederentdeckt werden können. Die metaphorische Sprechweise stellt keineswegs eine literarische Reminiszenz an das »Reiche« und »Merkwürdige« einer unwiderruflichen Vergangenheit dar. Die Metaphern der »Perle« und »Koralle« enthalten einen vielschichtigen Gedanken, aber sie lassen ebenso Raum für das, was Arendt nicht genauer sagen kann. Damit entspricht dieses Gedankenbild der Auffassung vom Philosophieren, wie wir sie in ihrem Werk finden.

In ihrem Benjamin-Essay konstruiert Arendt eine komplexe Topologie von Begegnungen verschiedener Autoren, die es ihr ermöglicht, Heideggers Idee des Traditionsbruchs und seinen Rückgang auf die Sprache im Kontext anderer Denkrichtungen zu entfalten. Der Effekt dieser Veranstaltung ist ein doppelter. Heideggers Philosophie wird bewahrt als Bruchstück und zugleich ver-stellt im buchstäblichen Sinn durch seine Einfügung in eine fremde Denklandschaft.

Dadurch entsteht kein neues festes Gebilde, sondern eine in sich bewegliche Konstruktion. Der Gedanke, der die Bausteine zusammenfügbar macht und dennoch in ihrer Eigenständigkeit getrennt beläßt, ist der des anderen Zugangs zur Überlieferung, wie er durch den Traditionsbruch eröffnet wird und für Arendt sich in der Methode kristallisiert, »das Verstandene als das zu nehmen, als was es sich gibt«. Die Direktheit ist nicht gleichzusetzen mit der Preisgabe der historischen Distanz. Denn historische Distanz wird nicht im Medium soziokultureller Determiniertheit begriffen, sondern als sprachliche und durch Sprache wieder aktualisierbare Möglichkeit, Horizonte des Denkens zu erweitern und zu eröffnen. »Jede Epoche«, schreibt sie, »der ihre eigene Vergangenheit in einem solchen Maße fragwürdig geworden ist wie der unseren, muß schließlich auf das Phänomen der Sprache stoßen, denn in der Sprache sitzt das Vergangene unausrottbar, an ihr scheitern alle Versuche, es endgültig loszuwerden.« (WB 60)

Gegen das Vergessen rettet nur die Sprache. Sprache ist jedoch in ihrem Verständnis nicht die verlorengegangene und wiedergefundene Entität. Die Vorstellung vom Kristall, die in diesem Zusammenhang entwickelt wird, ist wörtlich zu nehmen. Es sind nicht ewige Wahrheiten, die in sich gerechtfertigt sind, sondern Errungenschaften der menschlichen Geschichte, die den Ruin der Zeit überdauert haben, die zu entdecken und für die Fragen der Gegenwart zu öffnen sind. Für diese Tätigkeit übernimmt Arendt von Benjamin die archäologische Vorstellung, die »sprachliche und gedankliche Tiefe ... nicht sowohl auszuschachten als zu erbohren« und damit vor den Erklärungen, die das Konkrete und Besondere in kausalen und systematischen Zusammenhängen verschwinden lassen, zu retten. Das Bild der Bohrmethode wird ebenso zur Charakterisierung von Heideggers Denken übernommen:

„Heidegger denkt nie ›über‹ etwas; er denkt etwas. In dieser ganz und gar unkontemplativen Tätigkeit bohrt er sich in die Tiefe, aber nicht, um in dieser Dimension – von der man sagen könnte, daß sie in dieser Weise und Präzision vorher schlechterdings unentdeckt war – einen letzten und sichernden Grund zu entdecken oder gar zutage zu fördern, sondern um, in der Tiefe verbleibend, Wege zu legen und ›*Wegmarken*‹ zu setzen ... Dies Denken mag sich Aufgaben stellen, es mag mit Problemen befaßt sein ..., aber man kann nicht sagen, daß es ein Ziel hat. Es ist unaufhörlich tätig, und selbst das Wegelegen dient eher der Erschließung einer Dimension als einem im Vorhinein gesichteten und darauf ausgerichteten Ziel.« (MH 895)

Die Haltungen von Benjamin und Heidegger zeichnen sich also dadurch aus, daß sie das Denken frei halten von jeder Instrumentalisierung. Das bedeutet jedoch nicht, daß das Denken mit Einfühlung gleichzusetzen sei. Es erfordert im Gegenteil konzentrierte Genauigkeit, was Benjamin zu der Einsicht zuspitzte, daß Worte »ihren guten, ja vielleicht besten Sinn behalten, wenn sie nicht von vornherein ausschließlich auf den Menschen bezogen werden«. (WB 59) Die Bohrmethode hat die Aufgabe, Denkbruchstücke aus ihren Zusammenhängen herauszubrechen, sie ohne die gängigen Zuordnungen neu zusammenzusetzen und so für die Fragen der Gegenwart zu öffnen. An diesem Punkt formuliert Arendt eine unmittelbare Entsprechung zwischen Heidegger und Benjamin:

»Mit Heideggers großem Spürsinn für das, was aus lebendigem Auge und lebendigem Gebein Perle und Koralle geworden und als solches nur durch die Gewaltsamkeit der Interpretation, nämlich die tödliche Stoßkraft neuer Gedanken zu retten und in die Gegenwart zu heben ist, hatte Benjamin, ohne es zu wissen, im Grunde erheblich mehr gemein als mit den dialektischen Subtilitäten seiner marxistischen Freunde.« (WB 57)

Doch hier, wo Arendt die größte Übereinstimmung zwischen Benjamin und Heidegger feststellt, insistiert sie zugleich auf einer unüberbrückbaren Differenz. Benjamin, dem Sammler von Zitaten, schwebte eine Montage vor, hinter der er als Interpret vollkommen zurücktritt, so daß die Zitate »sich gegenseitig illuminieren und gleichsam freischwebend ihre Existenzberechtigung bewahren können«. Heideggers Destruktion der Überlieferung geschieht dagegen durch etymologische Durchdringung der Worte bis zu ihrem Ursprung. Diese Methode ist dann gewaltsam, wenn sie dem Wort alles abverlangt, wenn in ihm sich absoluter Anfang und letzte Möglichkeit des Philosophierens kristallisieren. Hier schlägt Heidegger eine Richtung ein, die der Benjamins geradezu entgegengesetzt ist. Heidegger, so Arendt, »zitiert sich selbst und interpretiert sich, als ob es ein Text aus der Bibel sei«. Die Sprache der Bruchstücke wird durch die Sprache des Autors ersetzt. Die Montage erlaubt es nun, Heideggers »großen Spürsinn für das, was aus lebendigem Auge und lebendigem Gebein Perle und Koralle geworden«, von dem herrischen Anspruch auf absolute Originalität zu trennen und in einen Kontext zu stellen, in dem die Worte mehr zählen als der Autor. Benjamin nannte diese Methode Zitierung ohne Anführungszeichen. Die Beziehung, die Arendt auf diese Weise konstruiert, läßt sich jedoch nicht metaphorisch deuten, als ein aus einer gemeinsamen Negation der Tradition sich herstellender Gegen-Sinn. Die Zitat-Montage hat die Struktur einer Begegnung, welche die Trennung nicht aufhebt. Die Möglichkeit zu einer solchen Begegnung hat Benjamin noch metaphysisch-theologisch begründet, indem er eine »wahre Sprache« hypostasiert, in welcher die »letzten Geheimnisse, um die alles Denken sich müht, spannungslos und selbst schweigend aufbewahrt sind«. Benjamin nimmt hier einen Gedanken der jüdischen Mystik auf. Die Sensibilität gegenüber dem Eigenwert der Dinge, die ihn veranlaßt, die Einflußnahme des Autors so minimal wie möglich zu halten, verdankt sich der Lektüre der Kabbala. Auch für Arendt gehört die Kabbala zu dem »im Sinne jüdischer Tradition Untradierten«, d.h. zu den Bruchstücken, die nicht zur herrschenden Kultur gehören und deshalb für die Fragen der Gegenwart interessant sind. Dennoch kann sie nicht in der Weise wie Benjamin Gedanken der Kabbala übernehmen. Um die einzigartige Haltung Benjamins zitieren zu können, und das bedeutet, daß sie nicht durch die eigene Lektüre modifiziert werden darf, und zugleich die Differenz ihm gegenüber nicht verschweigen zu müssen, führt Arendt einen dritten Schriftsteller ein, der gegenüber den dichterisch Denkenden Benjamin und Heidegger ein denkender Dichter ist, nämlich Kafka, nach Harold Bloom der Mystiker, der die Erlösung ablehnt.[6]

Die Beziehung zwischen Benjamin und Kafka ist von ungleich größerer Intensität als die zwischen Benjamin und Heidegger. Entscheidendes Kriterium ist die Art und Weise, wie sie mit der Tradition brechen. Für Benjamin und Kafka ist der Traditionsbruch existentielle Erfahrung, die jedes Ausweichen in Scheinlösungen verbietet, so daß noch nicht einmal das Schreiben Fluchtpunkt sein kann. Was jedoch die Einführung von Kafka an dieser Stelle erforderlich macht, ist ebenso die Differenz gegenüber Benjamin. Und es ist letztlich diese Differenz ausschlaggebend für Arendts Entscheidung, in ihrem abschließenden Werk *Vom Leben des Geistes* weder Heidegger noch Benjamin, sondern Kafka an exponierter Stelle ihres Gedankengangs einzuführen. An Kafka nimmt Arendt eine »sprachliche Kargheit« wahr, die ihn von Benjamin unterscheidet. Sie entsteht dadurch, daß um »der Wirklichkeitsnähe der Fabel willen jede spezielle Wirklichkeit, aus der die Gedankenwelt hätte entstehen können, ausgeblendet ist«. (LdG I 199) Das ist genau die Definition des Kristalls oder Bruchstücks, das in zweifacher Weise »zeitlos« ist, dem aber nicht das Prädikat einer ewigen Wahrheit zukommt. Es ist zeitlos in einem weltlichen Sinn. Das Gedankenkristall ist im Widerstand gegen die alltägliche und geschichtliche Zeit entstanden und bewahrt sich gegen den Ruin der Zeit. Andererseits ist Arendts Kristall alles andere als ein Projekt praktischer Philosophie. Philosophie oder Denken – mit dem Begriff Denken will sie, sich Heidegger anschließend, die Verschiedenheit wissenschaftlicher Erkenntnis und Philosophie betont wissen – entstehen auf dem Pfad der Zeitlosigkeit, durch Heraustreten aus Alltag und Geschichte. Um diesen paradoxen Ort beschreiben zu können, wendet sich Arendt einer Parabel Kafkas aus seiner Aphorismussammlung *Er* zu. Das Thema dieser Parabel ist für Hannah Arendt das »Zeitgefühl des denkenden Ichs«. Kafka zeigt in der Parabel den Menschen im Schnittpunkt zweier ihn bedrängender Kräfte: der Vergangenheit und der Zukunft. Indem er gegen beide Richtungen kämpft, erobert er sich einen Zwischenraum, ein »ausgedehntes Jetzt«: »In dieser Lücke zwischen Vergangenheit und Zukunft finden wir unseren Platz, wenn wir denken«, kommentiert Arendt. Insofern läßt sich die Denktätigkeit als ein Kampf gegen die Zeit selbst verstehen. Kafka ist derjenige, der das Zeitgefühl des denkenden Ichs am genauesten trifft. Seine »Kargheit« läßt sich ebenso wie die »unmenschliche Klarheit« Rahel Varnhagens oder auch Arendts sich selbst gegenüber erhobener Anspruch, ganz gegenwärtig zu sein, als das bezeichnen, was die philosophische Haltung nach dem Traditionsbruch ausmacht. Weder als Weisheit zum Tode hin wie in der Antike noch als Erkenntnistheorie oder als Diskursethik, sondern in der Erkämpfung der Zeitlücke wird Philosophie zu jener angespannten Aufmerksamkeit, welche dazu befähigt, die wirklichen Unterschiede zu treffen und die Rettung der Phänomene weder in eine Ursprungsphilosophie noch in eine Utopie münden zu lassen.

1.2.3 Philosophie als Bruchstück

> Der Philosoph glaubt, der Werth seiner Philosophie liege im Ganzen, im Bau: die Nachwelt findet ihn im Stein, mit dem er baute.
> (Friedrich Nietzsche)

Wenn Hannah Arendt von Philosophie als Bruchstück spricht, stellt sie sich nicht in die Tradition des romantischen Fragments. Das gefundene Bruchstück ist nicht Ausgangspunkt unendlicher Reflexionen, sondern einer Vorstellungskraft der Differenz, die sich ihrer paradoxen Existenz bewußt bleibt: in einer Welt der Erscheinungen nicht sichtbar zu sein, und das heißt auch nicht definierbar, ortlos und damit heimatlos. Die Philosophie befindet sich buchstäblich außerhalb der Ordnung. Damit gerät sie in eine prekäre Situation, die in der Geschichte der Philosophie immer wieder zu Selbstermächtigungsphantasien geführt hat, die aber infolge des Traditionsbruchs eine außerordentliche Chance zu eröffnen vermag. Denn der Ort der Philosophie außerhalb jeder Ordnung konvergiert mit der Auffassung vom philosophischen Bruchstück, dessen Bedeutung im selben Maße zunimmt, wie es von der Tradition unbearbeitete Erfahrungen enthält (in diesem Zusammenhang gebraucht Arendt die Metapher des Schatzes). In der Unabhängigkeit von jeder Tradition läßt sich unschwer jene Ortlosigkeit wiedererkennen, die das Philosophieren überhaupt kennzeichnet. Damit scheint Arendt aber auch zu sagen, daß Philosophie erst nach dem Traditionsbruch zu ihrer eigentlichen Gestalt findet, eine Reminiszenz an die Hegelsche Eule der Minerva, die erst bei einbrechender Dämmerung ihren Flug beginnt. Dennoch ist die Übereinstimmung mit dem Denkmodell Hegels nur scheinbar. Denn für Arendt entsteht die Chance der Philosophie nicht als Folge der Entwicklung in der Zeit, sondern durch Unterbrechung der Zeit. Alles ist zu vermeiden, was einer verheißungsvollen Andeutung verloren gegangener Totalität oder eschatologischer Perspektive gleichkäme. Die direkte Vergegenwärtigung von vergangenen Phänomenen in der Lücke der Zeit verdankt sich einem Bemühen um Rettung der Vergangenheit, das zugleich transformativ und konservativ ist. Die Hervorhebung des Gleichgewichts als formgebende Kraft und die Ablehnung jedes apokalyptischen Tons unterscheidet Hannah Arendt am tiefsten von Heidegger und Benjamin. Ohne Dauerhaftigkeit kann es für sie weder »Politik noch eine gemeinsame Welt noch eine Öffentlichkeit geben«. Doch die Dauerhaftigkeit kann nicht mehr die Form eines festen Geländers haben. Während bei Benjamin und Heidegger die Wahrheit, wenn auch in fragmentierter Form, den Horizont ihres Denkens weiter bestimmte – bei Benjamin heißt es: die Wahrheit huscht vorüber, Heidegger bezeichnet den Augenblick der Wahrheitserkenntnis als Blitz und schließlich als Geläut der Stille –, lehnt Arendt jede metaphorische Rettung der Wahrheitsgewißheit ab. Dem Vorrang der Metapher und der Utopie in der Philosophie stellt sie die spezifische menschliche Fähigkeit des Sprechens und Zuhörens gegenüber, durch die die Erfahrung sich immer wieder einen selbstbestimmten Raum zu schaffen vermag.

Die ontologischen Vorgaben, die ihr Modell vom Leben des Geistes in ihrem letzten Werk strukturieren – das Denken, das Wollen, das Urteilen –, lassen sich im Licht dieser Deutung als ein Versuch lesen, zu einer am wenigsten normativen Konzeption zu kommen, welche die Errungenschaften menschlicher Entdeckungen bewahrt und sie zugleich beweglich hält, indem sie als Phänomene und nicht als Teile eines Systems gerechtfertigt werden. Die Voraussetzung allen Philosophierens – die Pluralität der Welt – bleibt für Arendt kontingent und nicht begründbar. In diesem Sinne steht sie Wittgenstein nahe und nicht Hegel.

Um die Gefahr der Sinnleere zu bannen, der ein Denken

ohne Geländer ausgesetzt ist, versucht Arendt Kriterien zu nennen, die Dauer verbürgen können, ohne die trügerischen Gewißheiten der Metaphysik zu wiederholen. Doch alle ihre Kriterien sind geprägt durch ein Sowohl-als-Auch: Das Vermögen zu erzählen ist unbestritten, doch die Erzählung verläuft nicht nach wissenschaftlichen Gesetzen; ebenso unbestritten ist die Denkfähigkeit des Menschen, aber keine menschliche Macht kann das Bedürfnis erzwingen, mit Hilfe des Denkens Gewißheiten aufzulösen, statt sie zu bestätigen. Das Politische ist ein Entwurf, der auf lange Dauer zielt; aber es findet keine höhere Verkörperung als in den weltlichen Institutionen, und die sind äußerst zerbrechlich; die unendlichen Kontexte der Individualität, auf die sie sich als Quelle des immer wieder Anfangen-könnens bezieht – »Einer wird immer bleiben, die Geschichte zu erzählen« –, stellt eine Gewißheit dar, die von ebenso vielen möglichen Gegentendenzen durchfurcht ist.

Wenn die einzige Gewißheit in der äußersten Unwahrscheinlichkeit besteht, den Lauf der Geschichte zu unterbrechen, wird die Frage unabweisbar, wie man unter diesen Bedingungen noch eine Philosophie »auf Lager« haben kann. Denn widerspricht nicht der Gedanke des philosophischen Bruchstücks und die Ablehnung jeder Letztbegründung der Vorstellung, es wäre eine Philosophie im ursprünglichen Sinn noch möglich? Arendts Affinität zur Philosophie Heideggers besteht doch gerade darin, daß Heidegger Philosophieren als einen Prozeß auffaßt, der nicht zu fixierbaren Resultaten führt. Die Differenz, an der sich ihre Wege gabeln, beginnt erst dort, wo Heidegger versucht, den flüchtigen Augenblick der Zeitlosigkeit in einen existentiellen Aufenthalt des Philosophen zu transformieren. Doch diese Differenz hat zwei Gesichter, und da die Zeitlosigkeit des Philosophierens eine ontologische Qualität darstellt, ist diese Doppelgesichtigkeit unaufhebbar.

Vergegenwärtigen wir uns noch einmal die Antinomie,

die in der Zeitlosigkeit des Philosophierens wurzelt: Daß der Philosoph der totalitären Versuchung in der Moderne nicht zu widerstehen vermag, wie das Beispiel Heidegger zeigt, signalisiert die unausweichlich widersprüchliche Situation des Philosophen, die in sich die Gefahr der »deformation professionelle« birgt. Doch andererseits erfordert der Widerstand gegen den Totalitarismus den Rückzug in die Zeitlosigkeit, um dem Kreislauf des sich bestätigenden Schlußfolgerns entkommen zu können. Dieser Paradoxie gibt Arendt in ihrem Werk zwei verschiedene Bewegungsformen: als politische Theoretikerin, die sich in erster Linie mit den singulären Phänomenen des politischen Lebens befaßt und die sich nur dann der Philosophie zuwendet, wenn der Gegenstand des Nachdenkens es erfordert; und als experimentierende Denkerin in der Nachfolge Nietzsches, insofern sie den Gedanken vom Ende der Metaphysik in einen freien Dialog zwischen den Diskursen umsetzt, der sich nicht als neue positive Gestalt definieren läßt. Heideggers Philosophie eignet jedoch darüberhinaus eine Intensität, die in den Möglichkeiten des Philosophierens, wie sie Arendt für sich entwirft, nicht enthalten ist. Diese Intensität, die in untrennbarer Beziehung zu Heideggers radikaler Wahl der philosophischen Existenz steht, bezeichnet Arendt mit den Metaphern des »Vollendeten« und »Uralten«:

> »Bei den wenigen ist es letztlich gleichgültig, wohin die Stürme ihres Jahrhunderts sie verschlagen mögen. Denn der Sturm, der durch das Denken Heideggers zieht – wie der, welcher uns nach Jahrtausenden noch aus dem Werk Platos entgegenweht –, stammt nicht aus dem Jahrhundert. Er kommt aus dem Uralten, und was er hinterläßt, ist ein Vollendetes, das, wie alles Vollendete, heimfällt zum Uralten.« (MH 902)

Obwohl Arendt, die sich gegen den permanenten Aufenthalt im Geisterreich der Philosophen entschieden hat, weiter beunruhigt bleibt von der Suche nach einem Philosophen, der wie Sokrates in Philosophie und Politik gleichermaßen zuhause ist, und diesen Philosophen schließlich in Kant findet, lehnt sie jede Kompromißformel ab. Authentisches Philosophieren ist weder a priori kommunikativ, wie sie noch in ihrem Essay »Was ist Existenzphilosophie?« in der positiven Hervorhebung Jaspers' gegenüber Heidegger behauptet hat, um Philosophie und Pluralität versöhnen zu können. Noch würde sie einer Perspektive zustimmen, die Philosophie zur privaten Passion erklärt, um die Demokratie als vorrangige Aufgabe menschlichen Zusammenlebens begründen zu können.[7] Beide Konzepte relativieren und zerstören das, was Arendt als das Eigene der Philosophie unermüdlich betont: das gegen den Mahlstrom der Geschichte, der alle Traditionen in seinen Strudel hineinreißt, auf dem Pfad der Zeitlosigkeit geborene »Reiche« und »Merkwürdige«, das dem Ruin widersteht. Die Rettung der Vergangenheit ist weder ein metaphysisches noch ein pragmatisches Projekt. Dem Elfenbeinturm ist zu mißtrauen, und er muß verteidigt werden. Diese Antinomie, die Arendt nicht auflöst, erklärt vielleicht, warum sie so vielen Diskussionen mit Ignoranz begegnet ist, die sich an den Denkmöglichkeiten der *Vermittlung* zwischen Philosophie und Politik versucht haben.[8] Hannah Arendts Weg geht in eine andere Richtung. Sie hat Politik und Philosophie getrennt gedacht, um dann die Wirkungen zu erforschen, die sich aus der Begegnung ergeben.

2. Totalitarismus und Geschichtsschreibung

2.1 Traditionsbruch und Montage

> »Unser Begriff von Geschichte entstammt dieser, dem organischen Leben widerstreitenden Erd-Geschichte, die aus Schichtungen besteht. Durch die Errichtung einer Welt schafft der Mensch gleichsam eine Vertikale, die sich quer durch den lebendigen Kreislauf zieht und Schicht auf Schicht um sich versammelt und in die Höhe zieht.« (Hannah Arendt)

Durch den Traditionsbruch, den der Totalitarismus besiegelt hatte, waren »alle Kategorien des politischen Denkens« und »die Maßstäbe des Urteilens« »buchstäblich« auseinandergesprengt. Die Krise des Verstehens und Urteilens stellt die Geschichtsschreibung vor eine schwierige Aufgabe. Denn ihr Selbstverständnis besteht darin, das Dasein der Individuen mit dem Geschehenen zu verknüpfen. Insofern ist sie immer auch Aussöhnung mit der Welt so, wie sie nun einmal ist:

> »›Verstehen‹ ist eine nie endende Tätigkeit, durch die (...) wir die Wirklichkeit begreifen und uns mit ihr zu versöhnen suchen, d.h. mit deren Hilfe wir versuchen, in der Welt zu Hause zu sein.« (UaP 377)

Jede historische Darstellung hat sich überdies mit einer unwillkürlichen Evokation des Tatsächlichen auseinanderzusetzen, die jedem vergangenen Geschehen anhaftet: daß es so und nicht anders abgelaufen ist. Geschichte läuft immer Gefahr, als Naturprozeß mißverstanden zu werden. Für Hannah Arendt wird diese Einsicht zum Ausgangspunkt einer Distanzierung von der Geschichtswissenschaft und ihrer Methode:

> »Ich hielt mich von der historischen Schriftstellerei im strengen Sinne fern, weil ich den Eindruck habe, daß diese Kontinuität nur dann gerechtfertigt ist, wenn der Historiker seinen Gegenstand bewahren, der Sorge und Erinnerung zukünftiger Generationen anempfehlen möchte. Historische Schriftstellerei in diesem Sinne ist letzten Endes immer Rechtfertigung dessen, was geschah.«[9]

Die Arbeit der Destruktion, die Arendt keineswegs systematisch, sondern nach Maßgabe ihrer Erfahrungen mit dem geschichtlichen Stoff beginnt, veranlaßt sie, Brüche auf verschiedenen Ebenen zu setzen, wo die Geschichtsschreibung organische Kontinuitäten behauptet.

Eine Ebene der Auseinandersetzung ist das historische Verständnis von Objektivität. Danach kann die Methode des Historikers durch die Gesetze der Geschichte wissenschaftlich bestimmt werden. Beispielhaft zeigt sich diese Haltung im Gebrauch der Kategorie der Kausalität. In Arendts Verständnis ist Kausalität eine völlig unangemessene Kategorie, weil mit ihr eine zwangsgesetzliche Entwicklung suggeriert wird. Zusammenhänge ergeben sich jedoch nicht a priori, sondern erst, wenn sich die verschiedenen Elemente zu festen Formen kristallisiert haben. Erst dann, aus dem Rückblick, kann ihre Entwicklungsgeschichte rekonstruiert werden. Die Kausalbeziehung ist eine historische Synthese, die einen Zusammenhang thematisiert, der über die zufällige Koinzidenz hinausgeht, aber niemals den Charakter eines Gesetzes hat. So läßt sich ihre Erzählung des Totalitarismus beschreiben als ein

Netzwerk, in dem verschiedene zeitliche Rhythmen miteinander verknüpft werden zu dem entscheidenden politischen Ereignis des Totalitarismus, der im Mittelpunkt ihrer Darstellung steht. Diese Methode steht unmittelbar mit der These in Zusammenhang, daß der Totalitarismus mit allen Traditionen, die zu seiner Vorgeschichte gehören, gebrochen hat. Insofern kann erst die Analyse der Herrschaftsmechanismen der totalitären Diktatur zeigen, welche Elemente zu ihrer Entstehung beigetragen haben und in welcher Weise sie sich dennoch von ihr unterscheiden:

> »What I did ... was to discover the chief elements of totalitarianism and to analyse them in historical terms, tracing these elements back in history as far as I deemed proper and necessary. That is, I did not write a history of totalitarianism but an analysis in terms of history ... The book, therefore, does not really deal with the ›origins‹ of totalitarianism, as its title unfortunately claims – but gives a historical account of the elements which crystallized into totalitarianism, this account is followed by an analysis of the elemental structure of totalitarian movements and domination itself. The elementary structure of totalitarianism is the hidden structure of the book while its more apparent unity is provided by certain fundamental concepts which run like red threads through the whole.« (AR 77 f.)

Die Vorstellung des Kristalls signalisiert, daß sie die Geschichten des Antisemitismus, des Imperialismus und des Totalitarismus in ihrer Differenz verstanden wissen will. Die Darstellung ist daher jeder Analogie als einer ungenauen und die Widersprüche verwischenden Methode entgegengesetzt. Demgegenüber wirft sie der historischen und politischen Wissenschaft mangelndes Unterscheidungsvermögen vor. Dieser Mangel ist für sie eines der beunruhigendsten Phänomene der Moderne:

> »My chief quarrel with the present state of historical and political sciences is their growing incapacity for making distinc-

tions. Terms like nationalism, imperialism, totalitarianism etc. are used indiscriminately for all kinds of political phenomena ... and none of them is any longer understood with its particular historical background. The result is generalization in which the words themselves lose all meaning ... This kind of confusion – where everything distinct disappears and everything that is new and shocking is (not explained but) explained away either through drawing some analogies of reducing it to a previously known chain of causes and influences – seems to me to be the hallmark of the modern historical and political sciences.« (AR 82 f.)

Differenz und Konstruktion sollen daher an die Stelle der Kausalität treten. Doch die Erfahrungen im Umgang mit ihnen lassen sich nicht in Form von Definitionen, Regeln und Gesetzen formulieren. Die Darstellung ist ein Akt der Wahl. Denn die historischen Ereignisse bilden keine natürlichen Einheiten oder festen Gegenstände. Sie existieren nur in der Rekonstruktion des Historikers, der aus dem Stoff der Geschichte, aus materiellen Bedingungen, Zwecken und Zufällen eine Fabel konfiguriert. Diese Fabel ist weder Fiktion noch deterministischer Zusammenhang. Ihre Wahrheitsfähigkeit existiert nicht in einer Metageschichte über den Geschichten, sondern vor allem in dem Echo, das sie in den Geschichten anderer findet. Insofern setzt sich eine Übereinstimmung über den Sinn, den der Historiker der Erzählung verleiht, eher wie eine Meinung durch als wie eine Regel, die aufgestellt wird:

»Entweder sagt man mit Hegel: die Weltgeschichte ist das Weltgericht, und überläßt das letzte Urteil dem Erfolg, oder man besteht mit Kant auf der geistigen Autonomie der Menschen und ihrer Fähigkeit, sich unabhängig davon zu machen, wie die Dinge nun einmal sind oder geworden sind.« (LdG I 212)

Geschichtsschreibung verfehlt nicht nur ihre eigentümliche Aufgabe, wenn sie sich am naturwissenschaftlichen Maßstab von Objektivität und Wahrheit orientiert. Sie begibt sich darüberhinaus auf das Terrain moderner Ideologien und deren Methode, Pluralität und Unterscheidungsvermögen zu zerstören, indem sie menschliche Beziehungen dem Diktat von Naturgesetzen unterwirft.

Als eine zweite Ebene läßt sich Arendts Verteidigung der Tatsachenwahrheit extrapolieren. Die Tatsachenwahrheit verkörpert das genaue Gegenteil zum absoluten Wahrheitsanspruch geschichtlicher Gesetze und Prozesse. Die Tatsache ist die Übersetzung des Ereignisses in Sprache. Durch sie findet das Ereignis einen Platz im Gedächtnisraum. Wie dieses ist sie partiell und auf die Singularität der Menschen bezogen. Als begrenzte Realität kann sie nicht zur Norm verallgemeinert werden. Die Eigenschaft von Ereignissen und Tatsachen ist Differenz, und insofern stellen sie konstituierende Elemente der Pluralität der Welt dar. Im Zeitalter der Ideologien und der totalitären Systeme sind Tatsachen in besonderer Weise gefährdet. Die modernen Ideologien, die »alle vorgeben, den großen Schlüssel für die Enträtselung der Menschheitsgeschichte in der Hand zu haben und doch in Wirklichkeit alle miteinander nichts anderes sind als verzweifelte Versuche, der politischen Verantwortung für Handlungen und Ereignisse zu entrinnen«, besetzen die leere Stelle, die der Traditionsbruch aufgerissen hat. Ihre Aufgabe besteht darin, Wirklichkeit in ihrer Komplexität zu reduzieren und an deren Stelle einen einheitlichen »Supra-Sinn« zu setzen, der kraft seiner eigenen Dynamik funktioniert. Dadurch werden nicht nur eigenständiges Denken und Handeln der Menschen überflüssig, sondern auch die Tatsachen zu beliebigen Versatzstücken einer immanenten Logik entwirklicht:

> »Was heute auf dem Spiel steht, ist die Existenz der Geschichte selbst, sofern sie verstanden und darum erinnert werden kann; denn dies ist nicht mehr möglich, wenn Tatsa-

> chen nicht in ihrer Unabweisbarkeit respektiert werden als das, was den Bestand der Vergangenheit wie der gegenwärtigen Welt garantiert, sondern als Argumente ge- und verbraucht werden, um bald diese, bald jene Meinung zu beweisen.« (EuU 34)

In dem modernen Phänomen der »big lie«, die sich nicht mehr auf die Leugnung von Realität beschränkt, sondern sie durch fiktive Systeme ersetzen will, zeigt sich, wie zerbrechlich die Dinge der realen Welt geworden sind, die als stabil und verläßlich galten.

Tatsachenwahrheiten haben jedoch eine komplexe Struktur. Sie können keineswegs als unmittelbare empirische Faktizitäten betrachtet werden. Hierin liegt die Fragwürdigkeit der reinen historischen Dokumentation. Denn den Tatsachen wohnt keine inhärente Wahrheit inne. Erst durch Sprache erhält Wirklichkeit ihren eigentümlichen Charakter. Das bedeutet jedoch nicht, daß Geschichte als Wertbeziehung im Weberschen Sinne zu verstehen ist. Noch gibt es eine Affinität zu Diltheys Subjektivierung des Verstehens in der Einfühlung. Die Geschichte ist sich selbst Zweck. Sie zielt auf eine wahrheitsgemäße Erfassung der Wirklichkeit, selbst wenn diese nur partiell sein kann. Die sprachliche Konfiguration darf also nicht subjektiv erzwungen werden. Sprache ist ein Phänomen der Welt und geht zugrunde, wenn sie in die Innerlichkeit eingeschlossen bleibt. Die Unvoreingenommenheit des Historikers zeigt sich nun darin, daß er den Raum für die Geschichte, die er erzählen will, möglichst groß und für den Autor möglichst klein hält. Arendt erläutert dies mithilfe einer talmudischen Geschichte:

> »Sie kennen wahrscheinlich die talmudische Geschichte von den 36 Gerechten, um deretwillen Gott die Welt nicht zerstört. Niemand weiß, wer sie sind, am wenigsten sie selbst. Jede Form der Selbsterkenntnis ist hier absolut verheerend. Wenn Sie also versuchen nachzudenken, denken Sie nicht

über sich selbst nach, ›vertraue nicht dem Erzähler, sondern der Geschichte‹.«[10]

Objektivität erfordert somit ein komplexes und nicht von vornherein gesichertes Vorgehen. Der Historiker muß lernen, »gleichsam ohne Geländer zu denken«. Arendt läßt sich auf eine schwierige Balance ein. Sie muß jeweils neu abwägen, wie Objektivität: »Sich der Wirklichkeit stellen«, und ethisches Engagement: sich ihr »entgegenzustellen«, zu verknüpfen sind:

> »Alle Geschichtsschreibung ist notwendigerweise Rettung und oft Rechtfertigung; ... Diese Tendenzen sind schon implizit in der alleinigen Befolgung der Chronologie enthalten und sie können nicht gleichsam durch das Dazwischentreten von Wertungen überwunden werden, welche zumeist die Erzählung unterbrechen und die Darstellung schief und unwissenschaftlich machen.« (AR 77)

Sowohl die chronologische Darstellung als auch das nur angefügte moralische Urteil verlassen sich auf eine Bewertungsgewißheit der Tradition, die es nach Arendt nicht mehr geben kann. Der Geschichte kann folglich nur dann das letzte Wort entrissen werden, wenn der Ort des moralischen Urteils im Text unausgesprochen, das heißt leer bleibt. Von dieser Leere aus verwandelt sich die Darstellung aus der Endgültigkeit des Geschriebenen in die Offenheit des Dialogs, in dem sich der Autor zur Disposition stellt und der Leser zu einem Urteil herausgefordert wird. Die ungewöhnliche Montagetechnik Arendts hat in dieser Leere ihr organisierendes Zentrum. Zugleich ist es diese Unausgesprochenheit ihrer Methode, die in der historischen Fachwelt am meisten auf Mißverständnis und Ablehnung trifft. Doch die Fragen, zu denen ihre Darstellung Anlaß gibt, resultieren keineswegs nur aus einem fachimmanenten Nichtverstehenwollen. Arendt räumt ein, daß sie es versäumt habe, ihre Methode zu erläutern, was schon deshalb Schwierigkeiten hervorrufen mußte, weil sie weder einer Schule angehöre noch die allgemein anerkannten theoretischen Instrumente angewandt habe. Dieses Versäumnis holt sie nun nach. Doch der Eindruck, den ihre Ausführungen hinterlassen, stellt sich quer zur erklärten Absicht. Das Versäumnis zeigt sich als ein Mangel, der nicht zufällig ist.

Unter den Bedingungen des Traditionsbruchs droht die Erkenntnis, daß Geschichte weder nach wissenschaftlichen Gesetzen verläuft noch in der Utopie ein befreiendes Ende findet, ins Bodenlose zu sinken. Innerhalb des Horizonts der Geschichtsschreibung sieht Arendt aber keinen Ausweg. Der Standort des Historikers ist das Ende der Geschichte, die er erzählen will. Aber die Geschichte des Totalitarismus hat kein Ende. Damit meint Arendt nicht die Wiederkehr des Immergleichen. Was sie versucht zu thematisieren, ist etwas Unvergleichliches und bisher nicht Dagewesenes.

Alle Greueltaten in der Geschichte fanden bisher außerhalb des Raumes statt, den sie Welt nennt. Die Gründung der Polis zum Beispiel war eine Reaktion auf den ersten Vernichtungskrieg in der Geschichte der Menschheit, die Zerstörung Trojas. Die Lehre, die Arendt in der Polis versinnbildlicht sieht, besteht darin, daß innerhalb ihres umgrenzten Raums Gewalt ausgeschlossen werden sollte. Dies war die Geburtsstunde der Einsicht, daß »Zwang und Gewalt zwar immer Mittel waren, um den politischen Raum zu schützen oder zu gründen oder zu erweitern, aber als solche gerade selbst nicht politisch sind«. (EiP 53) Die zweite Erfahrung, die Arendt aus der griechischen Geschichte extrapoliert, besteht in Homers Rückgängigmachung der Vernichtung »im Sinne der dichterischen und historischen Erinnerung«, indem er unabhängig vom tatsächlichen Verlauf der Geschichte die Taten der Besiegten denen der Sieger gleichstellte. Mit der politischen Gründung Roms, das seinen Ursprung von demselben Ereignis, dem trojanischen Krieg, herleitete, wurde dieser Gedanke weiterentwickelt.

Die Römer betrachteten sich als Nachfahren der Trojaner. Sie stellten »der geistig-poetischen Zweiseitigkeit und Unparteiischkeit des Homerschen Gedichtes eine volle und erfüllte Wirklichkeit an die Seite, die realisiert, was sonst in der Geschichte nie realisiert worden ist und anscheinend in ihr auch nicht realisiert werden kann, nämlich die volle Gerechtigkeit für die Sache der Unterlegenen nicht von Seiten der urteilenden Nachwelt, ... sondern von Seiten des geschichtlichen Verlaufs selbst«. (EiP 104)

Was sich hier als Erfahrung von unverzichtbarer Bedeutung kristallisiert hat, sind zwei grundlegende Eigenschaften des Politischen, die für Hannah Arendt ontologischen Rang haben: erstens das politische Prinzip des Zurückforderns der Menschenwürde von dem »modernen Götzen« Geschichte, wobei nicht die »Bedeutung der Geschichte« geleugnet werden soll, sondern nur »ihr Recht auf ein letztes Urteil« (LdG I 212). Frei in seinem Urteilsvermögen ist der Mensch nur, wenn er sich der Auffassung einer unabweisbaren Logik der Geschichte widersetzt. Geschichte enthält immer mehr als die herrschende Überlieferung vermittelt: abgebrochene und verschüttete Möglichkeiten des Handelns, Ereignisse, die auch anders hätten stattfinden können. Geschichte ist Erkenntnis vermittels Spuren. Die zweite, das Politische erst konstituierende Eigenschaft ist die Pluralität: daß ein Vorgang erst dann volle Wirklichkeit gewinnt, wenn er »in seinem Aspektenreichtum entdeckt und gesichtet ist, wenn (er) sich von allen Seiten gezeigt hat und von allen in der Menschenwelt möglichen Standorten zur Kenntnis und Artikulation gelangt ist«. Es bedarf daher immer »einer Pluralität von Standorten, um Wirklichkeit überhaupt möglich zu machen und ihren Fortbestand zu garantieren. Welt, mit anderen Worten, entsteht nur dadurch, daß es Perspektiven gibt, sie ist nur jeweils als die so oder anders gesichtete Ordnung von Weltdingen. Wird ein Volk oder ein Staat oder auch nur eine bestimmte Menschengruppe, die – aufgrund dessen, daß sie ja auf jeden Fall einen wie immer gearteten Stand in der Welt hat, den niemand ohne weiteres duplizieren kann – auch immer eine nur von ihr realisierbare Weltansicht präsentiert, vernichtet, so kommen dabei nicht nur ein Volk oder ein Staat oder gar so und so viele Menschen um, sondern es wird ein Teil der gemeinsamen Welt vernichtet – eine Seite der Welt, von der sie sich vorher gezeigt hat, nun aber nie wieder wird zeigen können.« (EiP 105 f.)

Was die extremen Grausamkeiten des Totalitarismus von allem bisher Geschehenen unterscheidet, ist, daß er die Vernichtung von Welt *innerhalb* der Welt durchführte, so daß alle Kriterien, nach denen Welt geschaffen und erhalten werden kann, verloren gingen und jene wüstenhafte Gleichschaltung entstand, in der alles möglich ist und nichts mehr Bestand hat.

Der von Arendt geforderte Standort des Historikers, sich der Wirklichkeit zu stellen und entgegenzustellen, mußte nun um eine Dimension erweitert werden, deren Auswirkungen auf den Gedächtnisraum unabsehbar sind und die Arendt folgendermaßen umschreibt: »Da ist irgendetwas passiert, womit wir alle nicht mehr fertig werden.« (GG 15) Wie erinnern wir und wie schreiben wir Geschichte unter dieser Bedingung? Arendt versucht einen Weg des Denkens, indem sie zu Augustins Entdeckung des Anfangens zurückkehrt. Sie verknüpft diesen Gedanken mit der modernen Erfahrung des Traditionsbruchs, der paradoxen Gewißheit des Scheiterns, die sie mit Benjamin und Kafka teilt. Als handelnde Individuen haben wir keine andere Wahl, als einen neuen Anfang zu versuchen. Wir tun dies außerhalb eines sicheren Rahmens. Für die Gangart dieses Tuns findet Arendt in einem Satz Benjamins über Kafka einen Zeugen: »War er des endlichen Mißlingens erst einmal sicher, so gelang ihm unterwegs alles wie ein Traum.« (WB 25)

Geschichtliches Verstehen und Scheitern des Verstehens, Aussöhnung mit der Wirklichkeit und Unmöglichkeit der

Aussöhnung, wenn Geschichtsschreibung sich in diesen Paradoxien bewegen muß, dann bedarf es eines Vermögens, das fähig ist, nicht nur ohne Geländer zu denken, sondern das seine Möglichkeiten erst in außergewöhnlichen und undefinierbaren Regionen zu entfalten vermag. Dieses Vermögen entdeckt Arendt in Kants *Kritik der Urteilskraft*.

2.2 Der Mahlstrom des Totalitarismus und die Aporien der Menschenrechte

»In totalitären Regimen erscheint deutlich, daß die Allmacht *des* Menschen der Überflüssigkeit *der* Menschen entspricht.«

(Hannah Arendt)

Das Buch *Elemente und Ursprünge totaler Herrschaft* ist die erste Darstellung, in der Hannah Arendts Methode der Geschichtsschreibung auf dem Prüfstand steht. Denn sie wollte nicht nur das stillschweigende Einverständnis des Historikers mit dem Verlauf der Geschichte unterbrechen, sondern auch eine Konfrontation der Zeiten herbeiführen. »Weder dem Vergangenen anheimfallen noch dem Zukünftigen. Es kommt darauf an, ganz gegenwärtig zu sein«, heißt das Motto des Buches, das sie von Karl Jaspers übernahm. Damit rückte sie die Gegenwart ins Blickfeld der Verantwortung. In der Gegenwart wird entschieden, in welcher Weise die Vergangenheit fortdauert.

In ihrem Buch exponiert Arendt ein Kapitel über die Aporien der Menschenrechte, und zwar im Zusammenhang mit ihren Überlegungen über den Niedergang des Nationalstaats. Die Wahl dieses Kontextes ist nicht zufällig. Denn der Totalitarismus – so ihre überraschende Pointe – ist nicht die lineare Fortsetzung des Nationalismus und Antisemitismus, indem er deren Weltanschauungen und reaktionäre Praktiken ins Maßlose steigert. Der Totalitarismus befindet sich ihnen gegenüber in einem Verhältnis der Kontinuität und des Bruchs. Dieser Gedanke erlaubt es, komplexe Konstellationen aufzubauen, welche die lineare Zeitkonstruktion außerkraftsetzen und durch die Eigendynamik und Vernetzung mehrerer Spannungsfelder ersetzen. Sie verzweigen sich über ihr ganzes Werk, indem Motive intensiviert, neu erschaffen oder verändert werden. Aus immer anderen Perspektiven – dem widersprüchlichen Verhältnis von Nationalstaat und Menschenrechten, der immanenten Widersprüchlichkeit der Menschenrechte selbst, der Differenz zwischen Herstellen und Handeln, der Verkennung des Politischen durch die Philosophie – arbeitet Arendt eine Problematik heraus, die den Totalitarismus als ein Phänomen der *Moderne* ausweist, das keineswegs mit dem Ende des Nationalsozialismus oder Stalinismus in die Vergangenheit verwiesen ist. Der Totalitarismus ist in ihrer Interpretation die zerstörerischste Antwort auf eine Herausforderung, auf die weder die Konzeption der Menschenrechte noch der Nationalismus angemessen zu reagieren imstande waren. Die Herausforderung besteht darin, daß wir es im Zeitalter der Vernichtung der Ferne durch den Industrialismus, der immer enger sich aufeinander beziehenden Völker, mit der Entstehung einer neuen Massenhaftigkeit des Individuums zu tun haben, das durch den Verlust traditioneller sozialer Bindungen und Wertvorstellungen ganz auf sich allein gestellt, nicht mehr bereit ist, die Bürde politischer Verantwortung zu übernehmen. Zugleich wird jedoch der Einzelne durch die Aufhebung der Distanz zwischen den verschiedenen Völkern mit einer weit umfassenderen Verantwortung konfrontiert.

> »Je besser die Völker einander kennenlernen, desto mehr scheuen sie begreiflicherweise vor der Idee der Menschheit zurück, weil sie spüren, daß in der Idee der Menschheit, gleich ob sie in religiöser oder humanistischer oder schwär-

> merisch kosmopolitischer Form auftritt, eine Verpflichtung zu einer Gesamtverantwortlichkeit mitenthalten ist, die sie nicht zu übernehmen wünschen. Je enger der Raum wird, auf dem die Völker einander begegnen, desto schwerwiegender werden die politischen Realitäten und desto unmöglicher wird es, Menschen mit dem idealistischen Vokabular von Menschenwürde und Menschheit zu überzeugen, und zwar nicht, weil das in diesem Vokabular Gemeinte der Vergangenheit angehörte, sondern umgekehrt, weil diese Inhalte gar keinen ›Ideal‹-Charakter mehr tragen, sondern Wirklichkeit und aktuelles politisches Problem geworden sind, deren Schwere das Vokabular des neunzehnten Jahrhunderts nicht gewachsen ist. Denn die Idee der Menschheit, gereinigt von aller Sentimentalität, hat politisch die Konsequenz, daß wir in dieser oder jener Weise die Verantwortung für alle von Menschen begangenen Verbrechen, daß die Völker für alle von Völkern begangenen Untaten die Verantwortung werden auf sich nehmen müssen. ... Völkische und rassische Wahnvorstellungen sind sehr reale, wenn auch sehr zerstörerische Auswege, den schier unübersehbaren Komplikationen und der fast untragbaren Bürde einer allseitigen Verantwortlichkeit zu entgehen.« (EuU 379 f.)

Uniformierung und massenhafte Zusammenfassung der Menschen werden zu einer Art Ersatz für gesellschaftliche Heimat und Sicherheit, weil das Verhältnis von Differenz und Gleichheit in keiner öffentlichen ethischen und politischen Kultur mehr verankert ist, die als selbstverständliches Beziehungsnetz von Werten akzeptiert werden kann.

Folgen wir nun der Argumentation, die Arendt zu dieser Schlußfolgerung führt, und zwar zunächst im Feld der Aufschlüsselung des widersprüchlichen Verhältnisses von nationaler Souveränität und Menschenrechten. Zumeist werden Bürgerrechte und Menschenrechte in einem dialektischen Zusammenhang gesehen. Auf der einen Seite stehen die Bürgerrechte als die Rechte aller Bürger eines bestimmten Staates, auf der anderen Seite die allgemeinen Menschenrechte, die allen Menschen zukommen, auch wenn sie nicht Angehörige dieses Staates sind. Zwischen Bürger- und Menschenrechten wird eine Genese hypostasiert: Die Menschenrechte sind Quelle der Utopie, die Bürgerrechte ihre spezifische Form der Realisierung in einer bestimmten historischen Gemeinschaft. Diese Dialektik ist Arendt nicht bereit anzuerkennen. Statt eines dialektischen Zusammenspiels zwischen Bürger- und Menschenrechten betont sie die Gefahr, daß die nationale Einheit sich an die Stelle der Freiheit setzt. Diese Gefahr entstand bereits mit der Gründung des ersten modernen Nationalstaats in Frankreich, und zwar dadurch, daß die Französische Revolution die Erklärung der Menschenrechte mit der Deklaration der nationalen Souveränität verband:

> »Die gleichen Grundrechte wurden einmal als das unveräußerliche Eigentum alles dessen, was Menschenantlitz trägt, erklärt, um im selben Atemzug als die spezifisch nationalen Rechte eines souveränen Volkes, das diese Rechte seinem Befreiungskampf und seiner nationalen Geschichte verdankt, hingestellt zu werden. Die gleiche Nation stellte sich einerseits unter die Herrschaft eines Gesetzes, dessen Quelle und Autorität angeblich nur in den Menschenrechten zu suchen waren und proklamierte doch gleichzeitig seine absolute Souveränität, derzufolge sie keinen allgemeinen, sondern nur nationalen Gesetzen unterworfen war und nichts Höheres anerkannte als den souveränen Volkswillen, also sich selbst. Das praktisch-politische Ergebnis dieses Widerspruchs war, daß von nun an die Menschenrechte nur als spezifische, nationale Rechte anerkannt und garantiert wurden und daß der Staat selbst, dessen höchste Funktion es ist, jedem Einwohner seine Menschenrechte, seine Bürgerrechte und seine nationalen Rechte zu garantieren, den Charakter eines rationalen Rechtsstaats verlor und von den romantischen Staatstheorien als Inkarnation der ›Seele der Nation‹ vernebelt und vergöttert werden konnte; wesentlich dabei war lediglich,

> daß eine solche ›nationale Seele‹ offenbar jenseits und über allen Gesetzen zu stehen kommen mußte. Die aus der Souveränität eines freien Volkes geborene Souveränität des Nationalstaates verlor so mehr und mehr das Element des Volkswillens, an dessen Stelle sich eine pseudo-mystische Aura eines angeblich Organischen setzte.« (EuU 371)

Die absurde Konsequenz der engen Verflechtung von nationaler Souveränität und Menschenrechten zeigte sich am Problem der Staatenlosen, der Minderheiten und politischen Flüchtlinge. Der Verlust der nationalen Rechte hatte fast immer den Verlust der Menschenrechte zur Folge: »Sobald alle anderen gesellschaftlichen und politischen Qualitäten verloren waren, entsprang dem bloßen Menschsein keinerlei Recht mehr.« (Ebd. 466)

Die Verklammerung von nationaler Souveränität und Menschenrechten hatte also zwei fatale Konsequenzen. Sie führte zur Abgrenzung nach außen und zur Homogenisierung nach innen, so daß jene uniforme Massenhaftigkeit vorbereitet wurde, in welcher »der einzelne sich wirklich nur noch als Exemplar einer ›Spezies‹ fühlt.« Diese Logik wurde durch die imperialistische Dynamik weltweit freigesetzt. Die Krise, die Arendt nun am Nationalstaat, der zunehmend unter den Druck aggressiver nationalistischer Bewegungen geriet, diagnostiziert, nimmt sie zum Anlaß einer grundsätzlichen Erörterung über die Möglichkeiten des Politischen, der unbegrenzten Formbarkeit des Massenmenschen zu widerstehen. Die Ursurpation der Politik durch den modernen Industrialismus, dessen Dynamik schrankenlos ist, zerstört den Raum des Politischen. In diesem Raum geht es um die Errichtung und Bewahrung einer gemeinsamen Welt, deren konstitutive Merkmale Freiheit und Pluralität sind und die jenseits ihrer Instrumentalisierung und Pervertierung ein Entwurf ist, der dem Zusammenleben Dauer und Sicherheit vermitteln soll. Das Heraustreten aus der ökonomischen Zeit ist Voraussetzung dafür, daß Pluralität überhaupt wahrgenommen werden kann und der öffentliche Meinungsstreit, das Vermögen, die verschiedenen Meinungen in einem gemeinsamen politischen Programm zu balancieren, sich entfalten kann. Wird die Bewegungssüchtigkeit der Ökonomie zum Zwangsgesetz des Politischen, dann wird nicht nur die öffentliche Sphäre zerstört, die nur solange existiert, wie Individuen bereit sind, eigenständige Urteile zu fällen und politische Verantwortung zu übernehmen. Es werden auch alle zwischenmenschlichen Beziehungen verändert, denn das »Zwischen« in den Beziehungen der Menschen setzt die Anerkennung der Pluralität voraus.

Das Phänomen der Überlagerung von Politik durch ökonomische Zwangsgesetze entpuppt sich als ein gigantisches ideologisches Muster, das sich in verschiedene metaphorische Ausprägungen verzweigt, so daß kein gesellschaftlicher und kultureller Bereich davon unberührt bleibt. Nach der Totalitarismusanalyse zeigt Arendt in *Vita activa* dessen strukturierende Funktion für den Liberalismus und Marxismus, wobei der Marxismus zu einer Art Paradigma wird, weil es sich dort mit einer Theorie der Emanzipation verknüpft. Damit droht engagierte Politik sich in einem Labyrinth von Sackgassen zu verlieren.

Das Politische in seiner Authentizität wird in Hannah Arendts Argumentation nun keineswegs zur Folie eines absoluten Maßstabs erhoben, dem gegenüber alle Deformationen als evolutionäre Ausprägungen eines Gegenprinzips gleichgesetzt werden könnten. Die durch den Nationalismus hergestellte Gleichschaltung ist nicht mit der unausweichlichen Notwendigkeit gleichzusetzen, mit der der Totalitarismus die Massen in den Mahlstrom seiner unaufhaltsamen Zerstörung zwingt. Zwar benutzt der Totalitarismus Nationalismus und Rassismus, um seine Herrschaft zu etablieren, aber sein eigentliches Element ist die Exekution übermenschlicher Gesetze von Geschichte und Natur. In diesem Prozeß werden die Menschen mit wechselnden Ideologien für ihre Funktionen präpariert, bis auch sie überflüssig sind:

> »An die Stelle des Prinzips des Handelns tritt die Präparierung der Opfer, die Natur- oder Geschichtsprozeß fordern werden, eine Präparierung, die den einzelnen gleich gut für die Rolle des Vollstreckers wie für die des Opfers vorbereiten kann.« (EuU 716)

Hier wirkt die Argumentationsweise Arendts wie eine frühe Vorwegnahme von Foucaults Thesen zur »Bio-Macht« als Charakteristikum der Spätmoderne. Die Diszipliniermacht setzt Regeln und Grenzen, indem sie ihre Entscheidungsbefugnis über den Tod behauptet. Die Bio-Macht hat nicht mehr das Individuum zum Gegenstand, sondern den Gattungsmenschen, den Volkskörper. Sie produziert und gestaltet die unaufhörliche Bewegung des Lebens. In dieser Funktion ist sie in der Lage, den Rassismus in die Mechanismen des Staates einzuschreiben und erst als Rassismus kommt sie zu der ihr gemäßen Funktionsweise: Je mehr minderwertige Rassen und anomale Individuen eliminiert werden, desto stärker, gesünder und reiner ist das Leben.

Um den Stellenwert von Arendts Analyse einschätzen zu können, ist es wichtig zu vergegenwärtigen, daß das ihr zugrunde liegende Material weniger die totalitäre Ideologie war, als vielmehr die faktische Existenz totaler Herrschaft in ihrer uneingeschränkten Form. Die Laboratorien des totalitären Experiments waren die Konzentrations- und Vernichtungslager. In der Diskussion mit dem politischen Philosophen Eric Voegelin betont sie, daß die Einordnung des Totalitarismus in ideologische Strömungen der menschlichen Geschichte, mit denen er Affinitäten aufweist, die Besonderheit seiner Herrschaftsform verfehlen muß. Voegelin hatte gegen Arendt eingewandt, daß nicht erst mit dem Zusammenbruch des Nationalstaats und des moralisch-politischen Zusammenhangs der Gesellschaft in der Moderne die totalitäre Herrschaft möglich wurde, sondern daß dieser Zusammenbruch bereits durch die mit der Gnosis einsetzende Zerstörung der Transzendenz begann, welche die Selbstermächtigung des Menschen zum Schöpfer der Welt vorbereitete. Arendt, die diese Einflüsse keineswegs bestreitet, besteht dennoch auf einer Zäsur: »This essence ... did not exist before it had not come into being.« Der Satz entspricht in auffallender Weise ihrem Kommentar zu Kafkas Darstellungsmethode: Es handelt sich hier um eine von Arendts überraschenden Grenzüberschreitungen zwischen Politik und Literatur. Kafkas »Kargheit« eignet deshalb eine so gespenstische Realitätsnähe, weil er alle psychologischen und sozialen Prozesse, die zu dem beschriebenen Zustand geführt haben und ihn erklären könnten, ausgeblendet hat:

> »Kafka stellt uns sofort vor das Ergebnis einer solchen Entwicklung, denn nur das Ergebnis gilt. Umfassende Tüchtigkeit ist der Motor der Maschine, in der sich Kafkas Helden verfangen, einer Maschine, die in sich selber sinnlos und zerstörerisch ist, die aber reibungslos arbeitet.« (Ka 1057)

Kafka erfindet eine völlig neue Komplexität, weil er das Muster psychologischer und soziologischer Zuordnungen und die ihnen entsprechenden Kategorien verwirft. In der Welt, die er beschreibt, herrscht die Notwendigkeit uneingeschränkt, und nur indem Kafka diese Uneingeschränktheit inszeniert, gelingt ihm der Aufriß einer Welt der schrecklichen Verkehrung, in der alles normal funktioniert. In dieser Welt tauchen alle Werte, Maßstäbe und Metaphern unserer gewohnten Ordnung auf, nur haben sie keinen festen Platz und keine feste Bedeutung mehr. Sie funktionieren als austauschbare Wechselmarken. Vertraute Einteilungen und Grenzen wie privat und öffentlich, Täter und Opfer, Schuld und Unschuld, Recht und Unrecht haben jede Beziehung zu einem strukturierten gesellschaftlichen Zusammenhang verloren, sie sind unabhängig von Erfahrung und Realität geworden. Das hellsichtige Gedankenexperiment macht Kafka jedoch nicht zum Visionär. Für Arendt ist er der beste Entdecker und Konstrukteur vielfältiger Kombinationen, Verdichtungen und Auffaltungen von Bildern und Gedankenbruchstücken. Seine Erfindungsgabe entzündet sich nicht an der Konstruktion von Zusammenhängen, sondern an deren Zerstörung. Kafka entwickelt eine unglaubliche Phantasie für die Momente, an denen Brüche zu setzen sind, und für die Montage von Dingen, die eigentlich nicht zusammengehören.

Ebenso bricht Arendt mit allen Erklärungen, deren Angelpunkt die Vermittlung ist. Hierzu zählt sie alle geistesgeschichtlichen Methoden in der Tradition Hegels, aber auch Soziologie und Psychologie. Ihre Analyse beschäftigt sich nicht mit dem Nachweis von Kontinuitäten, sondern mit der Auseinanderfaltung und Differenzierung von Phänomenen. Dadurch vermeidet sie abstrakte und globale Analogien und kommt zu einer Komplexität, in der die Spezifik totaler Herrschaft ebenso begriffen werden kann wie die gesellschaftliche und politische Problematik, die ihre Entstehung begünstigte und sie zugleich überdauerte. Sie kann deutlich machen, daß der Nationalismus stets die dem Nationalstaat immanente Gefahr war, ohne daß sie jede nationalistische Deformation mit dem gängigen Etikett »faschistisch« versehen muß. Andererseits zeigt sie, daß der Nationalismus zwar die Macht hat, Völker zu mobilisieren, aber nicht die Fähigkeit, die historischen und politischen Inhalte des Gemeinwesens zu entwickeln. Diese Unfähigkeit spiegelt sich in der Tendenz des Nationalstaats wider, innenpolitisch Macht zu monopolisieren und außenpolitisch zu unaufhaltsamen Prozessen nationalistischer Ansprüche zu motivieren. Monopolisierung nach innen und Abgrenzung nach außen widersprechen aber nicht nur den Menschenrechten, sondern stellen ernsthafte Hindernisse dar, um die Widersprüche der integrierten Weltgesellschaft in eine tragfähige

Balance zu bringen. Die Situationen absoluter Rechtlosigkeit, die als der Moderne inhärent betrachtet werden müssen, fordern dazu heraus, über eine Modifizierung des Souveränitätsprinzips nachzudenken, welche auf internationaler Ebene »das Recht jedes Menschen auf Mitgliedschaft in einer politischen Gemeinschaft« garantiert.

Darüberhinaus versucht Arendt Bewegung in die Diskussion um das Nationalstaatsmodell zu bringen, indem sie es in Beziehung setzt zu einer Gedankenfigur, die in der Geschichte des politischen Denkens einen beherrschenden Platz einnimmt: der Identifizierung von Freiheit und Souveränität.

> »Politisch hat sich vermutlich kein anderer Bestandteil des traditionellen philosophischen Freiheitsbegriffs als so verderblich erwiesen wie die ihm inhärente Identifizierung von Freiheit und Souveränität. Denn sie führte entweder zu der Leugnung der Freiheit – nämlich wenn man einsah, daß Menschen souverän gerade nicht sind – oder zu der, dieser Leugnung nur scheinbar entgegengesetzten Ansicht, daß die Freiheit eines Menschen oder einer Gruppe immer nur auf Kosten der Freiheit, nämlich der Souveränität aller anderen realisierbar war. Was innerhalb dieses Problemzusammenhangs so außerordentlich schwer zu verstehen ist, ist die einfache Tatsache, daß es menschlicher Existenz eigentümlich ist, daß ihr Freiheit nur unter der Bedingung der Nicht-Souveränität geschenkt ist; und daß es ebenso unrealistisch ist, um dieser Nicht-Souveränität willen die Freiheit zu leugnen, wie es verderblich ist zu glauben, daß man nur dann frei sei – als Einzelner oder als Gruppe –, wenn man souverän ist.« (FuP 682)

In dieser Diskussion argumentiert Arendt mit Montesquieu gegen Hobbes und Rousseau. Montesquieus große Entdeckung besteht darin, »daß *Macht* nicht nur kontrollierbar ist – dies wußten die Römer sehr gut –, sondern auch teilbar, ohne daß dadurch eine Einbuße an Macht stattfindet oder

Macht an Qualität verlöre. Dies heißt, daß *Souveränität* nicht eine primäre Bestimmung der Macht ist. *Macht ist kein Willensphänomen*, weder wird sie durch Willen erzeugt noch ist sie primär das Objekt eines Willens.« Macht entsteht durch gemeinsames Handeln. Es ist also ein Phänomen, das dem Raum *zwischen* den Menschen angehört und keine Bestimmung von Subjekten ist. Hierin besteht der Irrtum von Hobbes, der meinte, daß Monopolisierung »das Monopol eines Willens« sei, »der alle anderen Willen entmachtet hat«. Die Folge dieser Subjektivierung war die Identifizierung von Macht und Gewalt. Da Macht in dieser Konstellation durch nichts Objektives mehr gebunden ist, wird sie »souverän und grenzenlos« wie die moderne Subjektivität. Den Gipfel der Subjektivierung von Macht bildet jedoch nicht Hobbes, sondern Rousseau:

> »Rousseaus *volonté générale* ist die vielleicht mörderischste Lösung der Quadratur des Cirkels, nämlich des Grundproblems aller politischen Philosophie des Abendlandes, wie man aus einer Pluralität eine Singularität machen könne... Was diese Lösung so mörderisch macht, ist, daß der Souverän nicht mehr eine oder eine Vielheit von mich beherrschenden Personen ist, sondern gleichsam in mir sitzt – als der citoyen, der dem homme particulier entgegengesetzt wird. In der volonté générale wird in der Tat jeder sein eigener Henker.« (DT X 31)

In diesem Zusammenhang betont Arendt als eine der »größten und zukunftsträchtigen Errungenschaften der amerikanischen Revolution«, »daß es ihr gelang, den Anspruch der Macht auf Souveränität im politischen Körper der Republik konsequent zu eliminieren, denn im Bereich menschlicher Angelegenheiten kann Souveränität schließlich und endlich immer nur auf Gewaltherrschaft durch einen Tyrannen hinauslaufen«. (ÜdR 200) Im Gegensatz zur naturrechtlich begründeten Vertragstheorie Rousseaus, die letztlich aus »einer Pluralität wiederum eine Singularität« macht, ist für Arendt die Gründung der amerikanischen Republik deshalb beispielhaft, weil sie sich im Kontext eines Zusammenhandelns der vielen ereignete:

»Diejenigen, welche die verfassungsgebende Macht erhielten, waren die regulär gewählten Vertreter konstituierter Gemeinden; sie waren von unten gewählt, nicht von oben ernannt, und wenn sie sich an das alte römische Prinzip hielten, daß alle Macht beim Volk liegt, so war dies für sie keine Fiktion und das Volk für sie nichts Absolutes – die Nation, die über den Gesetzen und über allen weltlichen Autoritäten thront –, sondern eine gegenwärtige Realität.« (Ebd. 215)

Für Arendt wird der Gedanke polyzentrischer Machtstrukturen zur conditio sine qua non, um den Teufelskreis von Identität und Ausgrenzung, in den die Menschenrechte durch ihre nationale Verankerung geraten waren, zu unterbrechen. Ein neuer Entwurf des Politischen, der die Kluft zwischen Bürgerrechten und Menschenrechten überbrückt, setzt allerdings eine kritische Auseinandersetzung mit der Konzeption der Menschenrechte selbst voraus. Die Transformation der Menschheit aus einer Idee in die Realität der Weltgesellschaft macht nicht nur die Begriffe vom Menschen, »daß er nach dem Ebenbilde Gottes geschaffen sei ... oder daß er der Repräsentant des Menschengeschlechts sei oder daß er in sich die heiligen Forderungen des Naturrechts beherberge«, fragwürdig. Es entsteht das Problem, auf welche gemeinsame Grundlage die Menschenrechte gestellt werden können. Kann die Pluralität zum universalen Wesen des Menschen werden?

»Die Schwierigkeit der Frage liegt darin, daß wir nur ›Natur‹ erkennen können, und zwar einzig darum, weil wir *nicht* Natur sind. Also: das Wesen des Menschen ist uns unerkennbar und das Wort ›universal‹ zeigt nur einen Standort an, den der Mensch beziehen kann, es charakterisiert nicht und es definiert nicht. Auf die Frage: Wer aber sind *wir*? gibt es schlechthin keine Antwort.« (DT XXI 40)

Doch was kann das heißen, einen universellen Standort einnehmen und zugleich der Tatsache der einzigartigen Verschiedenheit der Individuen gerecht werden wollen? Es gibt verschiedene Gedankengänge in den Texten Hannah Arendts, die auf diese Frage hin lesbar sind, ohne daß sie zu *einer* Antwort synthetisiert werden können.

An mehreren Stellen ihres Werks beschäftigt sich Arendt mit den Grenzen, die der Gleichheit durch die Entfremdungen, Disparatheiten und partikularistischen Tendenzen, die unweigerlich aus der Pluralität entstehen, gesetzt sind. Gleichheit ist nicht gegeben. Gleiche werden wir nur durch die Entscheidung, uns gleiche Rechte gegenseitig zu garantieren. Das Unterschiedliche, die Differenz in ihrer Einzigartigkeit, zeigt innerhalb der öffentlichen Sphäre die Grenzen an, die dem Handeln gezogen sind. Diese Grenze ist auch eine dauernde Mahnung an die Begrenztheit der Macht des Menschen: »Jede Zivilisation noch hat die Neigung, diese Mahnung zu überhören und diese Grenzen zu überschreiten.« Je entwickelter eine Zivilisation ist, desto mehr entsteht die Neigung, alles als barbarisch zu betrachten, was nicht in den Bereich menschlicher Entscheidungen fällt:

> »Hochentwickelte politische Gemeinwesen wie die antiken Stadtstaaten oder die modernen Nationen dringen deshalb so oft auf *ethnische* Gleichförmigkeit, weil sie hoffen, damit jene natürlichen und stets gegenwärtigen Verschiedenartigkeiten und Unterscheidungen auszuschalten, die aus sich selbst dummen Haß, Mißtrauen und Diskriminierung erzeugen. Diese Differenzen bezeugen nur allzu klar eine Sphäre, wo der Mensch nicht handeln und nicht verändern kann, und zeigen damit die Grenzen der menschlichen Macht an. Wo immer aber das öffentliche Leben mit seinem Gesetz der Gleichheit zu einem absoluten Siege gelangt, wo eine Zivili-

> sation den dunklen Hintergrund der Differenziertheit erfolgreich ausscheidet oder auf ein Minimum reduziert, da wird sie in Versteinerung enden, gleichsam zur Strafe dafür, daß sie vergessen hat, daß der Mensch lediglich der Herr, nicht aber der Schöpfer der Welt ist.« (EM 764)

Politische Gleichheit, die nicht mehr auf der Pluralität, sondern auf dem Konstrukt *des* Menschen beruht, führt nicht zur Demokratie, sondern zum totalen Bürger. In Arendts Reflexionen ist der totale Bürger, die vollständige Auflösung des Menschen in den Bürger, was einer Aufhebung der privaten in der öffentlichen Sphäre gleichkommt, die bedrohliche Kehrseite des totalen Staates. Freiheit bedeutet auch Freiheit *von* Politik. In der Gleichheit zeigt sich also niemals eine allen Menschen gemeinsame Natur. Sie ist Angelegenheit der politischen Meinung und des politischen Konsenses. Wie alle menschlichen Institutionen ist auch der politische Konsens äußerst zerbrechlich, denn er kann nicht, wie das Naturrecht suggeriert, auf eine unveränderliche Substanz bauen, sondern muß mit den Unwägbarkeiten menschlicher Pluralität rechnen. Das bedeutet, daß die politischen Entwürfe der Demokratie immer auf dem Experiment einer schwierigen Balance beruhen, die zwei Gefahren vermeiden muß: die Gefahr einer reduzierenden Gleichmacherei und die Gefahr einer ungleichen Differenzierung. Diese Balance erfordert offensichtlich ein subtiles und differenziertes Zusammenspiel der verschiedenen gesellschaftlichen Bereiche, des politischen, sozialen und privaten, um einerseits einer inneren Vielfalt Raum zu geben und andererseits sie in einer gemeinsamen universellen Welt des Politischen zu übersteigen.

Das Zusammenspiel setzt Trennung voraus. In der Trennung zwischen gesellschaftlicher und politischer Sphäre begegnen wir in Arendts Texten einer erstaunlich normativen Einstellung. In ihrem Buch *Vita activa* wird die strenge

Trennung zwischen dem Öffentlichen auf der einen Seite und dem Sozialen und Privaten auf der anderen Seite in allen ihren Aspekten dargestellt und mit einer eindeutigen Bewertung versehen. Danach ist das Politische als authentischer Bereich menschlicher Existenz zu betrachten. Aus dem Bereich des Sozialen und Privaten kann keine Perspektive entwickelt werden, die der freien politischen Entscheidung gleichkäme, etwas Neues und Unvorhersehbares zu beginnen. Nur im politischen Handeln entzieht sich der Mensch dem instrumentellen Denken und den rein wiederholenden Zwecken des Lebensprozesses. Aus eben diesem Grund darf Politik auch niemals als unmittelbarer Ausdruck sozialer Interessen verstanden werden.

Wie jede normative Unterscheidung hat auch diese schematische und abstrakte Seiten. Arendt war sich durchaus bewußt, daß unter den Bedingungen zugespitzter sozialer Widersprüche und mangelnder distributiver Gerechtigkeit die Freiheit zu einem utopischen Wert wird. Doch der Gedanke, der sie zu dieser Unterscheidung motiviert, ist von unbestreitbarer Bedeutung. Nur in der politischen Sphäre werden tatsächlich keine Sachen produziert, sondern Beziehungen zwischen Menschen, Beziehungen, die an keine Naturgesetze der Gattung geknüpft sind. Das Individuum beginnt erst dort, wo Gattung und Identität keine Rolle mehr spielen und die Differenz in den Vordergrund tritt. Die Skepsis Arendts gegenüber jeder dialektischen Vermittlung erweist sich hier als produktiv einseitig. Denn sie verankert in klarer Weise Freiheit und individuelle Eigenverantwortung in der geschichtlichen Welt, die durch keine Berufung auf Gesetze oder höhere Mächte suspendiert werden kann.

Andererseits gibt es Passagen in ihrem Werk, in denen sie die normative Unterscheidung zwischen dem Öffentlichen und dem Privaten bzw. Sozialen modifiziert. In den Zeiten, da die politische Gleichheit nicht mehr die Pluralität respektiert oder die Utopie des Einen Menschen die Öffentlichkeit beherrscht, bleibt allein der private Raum ein Refugium, in dem die Verschiedenheit gerettet und wiederentdeckt werden kann. Doch ist das nur möglich, wenn sie sich nicht durch eine ebensolche Homogenisierung zu artikulieren versucht. Arendt macht hier auf die Zwiespältigkeit des Selbstbestimmungsrechts aufmerksam. Jeder Ruf nach Gerechtigkeit, der sich wiederum durch unbeeinflußbare ethnische, kulturelle oder geschlechtliche Entitäten definiert, wiederholt den Kreislauf von Identität und Ausgrenzung. Es gibt also keinen direkten Weg von einer gemeinsam gelebten Situation von Ausgrenzung und Unterdrückung zu dem politischen Recht auf Partizipation. Sozialer oder geschlechtlicher Widerspruch und politische Differenz sind nicht identisch. Freiheit und Befreiung liegen nicht auf derselben Ebene. Am Beispiel der inneren Emigration führt Arendt aus, »wie weit man der Welt auch dann verpflichtet (bleiben kann), wenn man aus ihr verjagt ist oder sich aus ihr zurückgezogen hat«:

> »Die Weltflucht in den finsteren Zeiten der Ohnmacht ist immer zu rechtfertigen, solange die Wirklichkeit nicht ignoriert wird, sondern als das, wovor man flieht, in der ständigen Präsenz gehalten wird.« (MfZ 44)

Entgegen der Auffassung des 18. Jahrhunderts wird Menschlichkeit nicht durch das Mitleid gerettet, durch das der Nicht-Verfolgte sich mit dem Verfolgten identifiziert, sondern durch die Freundschaft, welche die Differenz nicht ignoriert und eine Beziehung der *Wahl* herstellt:

> »Diese Menschlichkeit, die sich in den Gesprächen der Freundschaft verwirklicht, nannten die Griechen philantropia, eine ›Liebe zu den Menschen‹, die sich daran erweist, daß man bereit ist, die Welt mit ihnen zu teilen.« (Ebd. 48)

Freundschaft ist ein bewegliches Vermögen, das sowohl an der Sphäre des Privaten als auch des Öffentlichen teilhat, zwischen persönlicher Zugewandtheit und Weltoffenheit oszilliert. Diese Beweglichkeit zeichnen alle Vermögen aus, die Arendt exponiert: Denken, Urteilen und Handeln. Von der Einbildungskraft heißt es, daß sie eine Übung im Wandern darstellt. Die Beweglichkeit, die ganz materiell als Bewegungsfreiheit zwischen den verschiedenen Phänomenen vorgestellt werden muß, erscheint als einzig adäquate Form des Umgangs mit den Problemen von Differenz und Gleichheit, die nach dem Traditionsbruch nicht mehr in einen Begriff oder in eine Perspektive integrierbar sind. Für die Menschenrechte hätte das zur Folge, daß an die Stelle einer eindeutigen philosophischen Begründung eine historisch beweglichere Konzeption treten müßte, die sich weder von einer vorgegebenen Entität noch von einer Utopie bestimmen läßt, die im Grunde »nicht genau weiß, was die Menschenrechte eigentlich sind«. (BWB 17.7.1946)

Unter den verschiedenen Aspekten der Menschenrechte, der Verteidigung des Lebens, der Freiheit und der sozialen Sicherheit, stand Arendt der Forderung nach sozialer Gerechtigkeit am distanziertesten gegenüber. Zwar war ihr bewußt, daß Freiheitsrechte ihre Basis verlieren, wenn sie nicht jedem Einzelnen ein Minimum an Wohlstand garantieren. Jedoch zeigt sie anhand der französischen Revolution mehr die Gefahr, die der Freiheit droht, wenn sie als ein Reich sozialer Gerechtigkeit aufgefaßt wird:

> »Die politische Gefahr der Armut besteht gerade darin, daß sie die Pluralität vernichtet und aus den Vielen so etwas wie Eines macht, daß dieses physische Leiden Gefühle und Stimmungen erzeugt, welche der Solidarität zum Verwechseln ähnlich sehen ... Unzählige Male seit der Französischen Revolution hat sich dieses Spektakel wiederholt; immer wieder war es die Maßlosigkeit ihrer Emotionen, welche die Revolutionäre so seltsam unempfindlich für das faktisch Reale und vor allem für die Wirklichkeit von Menschen machte, die sie

> immer bereit waren, für die Sache oder den Gang der Geschichte zu opfern.« (ÜdR 120, 115)

Hannah Arendts ganzes Interesse galt der Kunst, Vereinigungen zu bilden, politische Räume zu entwickeln, in denen die Qualitäten des Urteilens und des Versprechengebens die zwischenmenschlichen Beziehungen strukturieren. Nur durch diese immer wieder zu machende Erfahrung konnte den Einzelnen bewußt werden, was die »res publica« ist. Die Orientierung auf Erfahrung läßt sich als der springende Punkt bezeichnen, durch den sich Arendt auch von gegenwärtigen Demokratiedebatten, von Rawls' liberalem Entwurf einer verbindlichen Gerechtigkeitstheorie bis zu den Versuchen der Kommunitaristen, Gemeinschaft neu zu denken, unterscheidet. Sie interessierte sich weniger für neue *Modalitäten* eines politischen Diskurses als für die theoretische Klärung politischer *Erfahrungen.* Nicht erstaunlich ist daher, daß für sie der Ausgangspunkt politischer Theorie immer das politische Ereignis blieb, und zwar nicht deshalb, weil ihre Begabung sie eher an die Empirie verwies. Erfahrung vermittelt keine Theorie des Engagements, sondern konfrontiert uns mit der Realität in ihrer irreduzierbaren Faktizität. In deutlicher Abgrenzung gegen den Anspruch der Wissenschaft, sich an die Stelle der Handelnden zu setzen und Wirklichkeit zu modellieren, schreibt sie:

> »Weder die sogenannten gesellschaftlichen Kräfte noch die historischen Tendenzen und am wenigsten die Fragebogen, Untersuchungen der öffentlichen Meinung und was sonst noch zum Apparat der Sozialwissenschaften gehören mag, sondern nur die Ereignisse der Vergangenheit und der Gegenwart können den Politiker und den politischen Wissenschaftler darüber belehren, was eigentlich geschieht oder geschehen ist. Hat ein Ereignis von ungewöhnlicher Bedeutung ... stattgefunden, so müssen alle Politik, alle Theorie und alle Vorhersagen des Möglichen und Unmöglichen neu geprüft

> werden ... Was diejenigen, die in Freiheit handeln und für Freiheit kämpfen, sagen, hat mehr Gewicht und findet, so möchten wir hoffen, ein ernsteres Gehör als alle theoretischen Betrachtungen.« (UR 12, 50)

In der Art und Weise, wie eine politische Bewegung sich praktisch artikuliert und organisiert, im Grunde genommen das, was am geschichtlichen Ereignis das Unvorhersehbare und Nicht-Planbare darstellt, konstituiert die Wirklichkeit der politischen Theorie. Am Beispiel ihrer Überlegungen zur ungarischen Rätebewegung von 1956 läßt sich zeigen, daß diese Orientierung nicht mit einer Vorliebe für den Spontaneismus gleichzusetzen ist, welche die normalen Zeiten des Politischen nicht genug berücksichtigt. Dieser Essay versammelt noch einmal Arendts Argumente gegenüber Liberalismus und Spontaneismus, die sie in ihren Schriften *Vita activa, Über die Revolution* und *Macht und Gewalt* entwickelt hat. Erfahrung durch Handeln ist die einzige Öffnung gegenüber der Realtität, die Freiheit und Gemeinsamkeit zu verknüpfen vermag. Diese Erfahrung klammert der Liberalismus aus, weil er Freiheit nur formell und negativ, als Schutz des Individuums gegenüber der Willkür der Regierenden, zu begreifen imstande ist. Daraus resultiert seine Verkennung der politischen Partizipation, über die allein Tendenzen zur Bürokratisierung und Professionalisierung zurückgedrängt werden können. Andererseits kann Arendts Interesse an den Räten nicht als Votum für ein Konzept von Basisdemokratie gewertet werden. Erfahrung wäre überfordert, wenn das komplexe Gefüge der Demokratie auf sie reduziert würde. Demokratie existiert als nie ganz fixierbares Verhältnis aus Bewegung und Dauer, unmittelbarer und delegierter politischer Macht, Spontaneität und Regel, Recht und Gerechtigkeit. Trotz ihrer Skepsis gegenüber repräsentativen Formen der Demokratie hat sie nie die Einstellung von Theorien geteilt, die in der Errichtung von Institutionen prinzipiell eine Entfremdung der ursprünglichen politischen Intention sahen. Sie hat den Gedanken des Traditionsbruchs und der geschichtlichen Kontingenz mit einer Reflexion über die Möglichkeiten der Herstellung dauerhafter und überschaubarer Beziehungen in den Institutionen verbunden. Der Gefahr, daß sich Institutionen verselbständigen, begegnete sie nicht mit einer antiinstitutionellen Strategie, sondern mit einem Entwurf über die Teilung von Macht und die Vervielfältigung strukturierter Handlungsmöglichkeiten. Die antiinstitutionelle Geste ist eine philosophische Geste. Vom politischen Standort aus, d.h. der verschiedenen Möglichkeiten des politischen Handelns und der Partizipation, können die Räte nicht zu Organisationen sans phrase stilisiert werden, die ein homogenes politisches Zentrum durch ein anderes ersetzen. Die Richtung, die ihr Denken einschlägt ist immer die *Teilung* von Macht. Obwohl die Räte sich nicht als dauerhafte Institutionen erwiesen haben, bleibt für Arendt die Erfahrung politischer Partizipation von ausschlaggebender Bedeutung, um die Demokratie nicht nur aus ihren bürokratischen Sackgassen herauszuführen, sondern um das Politische als authentische Möglichkeit gegenüber den totalitären Versuchungen der Moderne zu retten. Gegenüber den Bedrohungen der Freiheit in der Moderne, die von der Isoliertheit und Haltlosigkeit des Massenmenschen ausgehen, aber auch von der Enteignung des Einzelnen von Politik, erinnert die Betonung der Erfahrung durch Arendt daran, daß politisches Handeln tatsächlich etwas anderes ist als das Vollziehen von sozialen Interessen, Sachzwängen und theoretischem Wissen und daß Freiheit nicht nur durch Herrschaftsübergriffe bedroht ist, sondern auch dadurch, daß die öffentlichen Räume, die zum Handeln ermutigen könnten, immer mehr abhanden kommen.

Das erneute Aufleben des Nationalismus läßt vermuten, daß das Ungleichgewicht zwischen Menschen- und Bürgerrechten weiter bestehen wird und zu mehr oder weniger subtilen oder brutalen Balanceakten führen wird. Die Aporien der Menschenrechte behalten weiter ihre Gültigkeit. Es gibt eine ausgesprochen pessimistische Formulierung Arendts über die Sinnlosigkeit von Politik angesichts globaler Bedrohungen:

> »Die Sinnlosigkeit, in die die Politik im ganzen geraten ist, zeigt sich in der Ausweglosigkeit, in die sich alle einzelnen politischen Fragen festrennen. Wie immer wir auch die Situation bedenken und die einzelnen Faktoren zu berechnen versuchen, die uns durch die doppelte Bedrohung totalitärer Staatsformen und atomarer Waffen, vor allem aber durch die Koinzidenz dieser Ereignisse, erstellt sind: Wir können uns eine befriedigende Lösung nicht einmal ausdenken, und zwar auch dann nicht, wenn wir allseitig den besten Willen voraussetzen würden (was man bekanntlich im Politischen schon darum nicht tun darf, weil kein guter Wille von heute im mindesten einen guten Willen für morgen garantiert). Gehen wir von der diesen Faktoren innewohnenden Logik aus und nehmen wir an, daß nichts als das uns heute Bekannte den Lauf der Welt bestimmt und bestimmen wird, so können wir nur sagen, eine entscheidende Änderung zum Heil kann nur durch eine Art Wunder geschehen.« (WP 31)

Mit dem Wunder ist keine utopisch inspirierte Revolution gemeint. Das Wunder ist für sie die Tatsache, daß das Streben nach Freiheit auch dem Chaos der Moderne unauslöschlich innewohnt. Dieses Streben nach Freiheit war es, was den Menschenrechten im Unterschied zu den kollektiven Rechten des Staatsbürgersubjekts konkretes Leben gab, weil es unaufhörlich auf den Punkt zutreibt, wo Menschheit nicht als Gattungsbegriff des Menschen, sondern als konkrete Pluralität der Menschen verstanden wird. Die Unvorhersehbarkeit eines neuen Anfangs, der das Räderwerk der Geschichte anhält, rechtfertigt die Verwendung der Metapher des Wunders. Doch signalisiert sie darüber hinaus eine grundsätzliche Haltung Arendts. Alles Denken ist metaphorisch, nicht im Sinne der Analogiebildung, sondern in dem von Übersetzen und Herübertragen. Diese Vorstellung setzt die irreduzible Verschiedenheit der Dinge voraus und die Unumkehrbarkeit des Vorgangs. Werden die Plätze vertauscht, wie Hannah Arendt das zum ersten Mal bei Nietzsche feststellt, für den Metaphern nur noch als abgegriffene Münzen zirkulieren, dann wird die Differenz zwischen Erscheinungswelt und Denken aufgelöst: »Die Nichtumkehrbarkeit der in der Metapher ausgedrückten Beziehung ... zeigt auf ihre Weise das absolute Primat der Erscheinungswelt und liefert damit einen weiteren Beweis für die Außerordentlichkeit des Denkens, dafür, daß es stets außer der Ordnung ist.« (LdG I 114) Wenn Arendt die Metapher des Wunders in den Bereich des politischen Denkens hinüberträgt, dann will sie weder eine religiöse Vorstellung säkularisieren noch den Gedanken mit einem Bild abschließen. Der metaphorische Ursprung soll ebenso gegenwärtig gehalten werden wie das Spezifische des Denkens, nämlich die nicht-sinnliche Erfahrung der Auflösung von Gedanken, für die es »in keiner Sprache Worte gibt«. (Ebd. 111) In diesem Kontext markiert das Wunder nicht den Ort des Unaussprechlichen, sondern, präziser, den einer unvergeßlichen Fabel, die im Reich der Zeitlücke der zwingenden Logik des geschichtlichen Weiter entzogen bleibt, und zwar deshalb, weil sie keiner Vermittlung und Deutung bedarf. Durch die Metapher wird »dichterisch die Einheit der Welt gestiftet«, und das bedeutet, daß es ohne sie und das in ihr aufbewahrte Verborgene und Vergessene diese Einheit nicht gibt.

2.3 Die Banalität des Bösen oder die Außerkraftsetzung der Metapher

> »Das größte begangene Böse ist dasjenige, das von Niemandem begangen wurde; sicherlich von menschlichen Wesen verübt, aber von solchen, die sich weigerten, Personen zu sein.« (Hannah Arendt)

> »Amtssprache ist meine einzige Sprache.« (Adolf Eichmann)

Kierkegard, Marx und Nietzsche hatten als »erste ohne Leitung jedweder Autorität, gleichsam ganz und gar ohne Geländer, zu denken gewagt, wobei, ihnen kaum bewußt, das kategoriale Gerüst der großen Tradition sie noch hielt und ihnen noch eine Stätte bot«. (FT 27) Das theoretische Vermögen, um das es Hannah Arendt ging, sollte sich dagegen aller sichtbaren und unsichtbaren Fäden, die es mit der Tradition verbanden, bewußt werden und sich von ihnen lösen, soweit die Fragen der Gegenwart dies erforderten. Der Bruch mit der Tradition konnte aber niemals absolut sein. Die Moderne zeichnete sich durch das wiederkehrende Auftreten derartiger Ansprüche aus, die alle durch eine Atmosphäre von Eschatologie und Apokalypse geprägt waren. Die Partialität des Bruchs bewirkte dagegen eine konkrete und offene Konstellation aus Altem und Neuem. Darin lag eine Chance und ein Wagnis, denn die Möglichkeit konnte nicht ausgeschlossen werden, daß die neue Gedankenkonstellation als geschlossene Definition rezipiert wurde und damit wiederum der Tradition anheimfiel. Genau das passierte mit ihrer Vorstellung von der Banalität des Bösen.

Eine der schwierigsten Fragen, die sich Arendt in der Auseinandersetzung mit dem Totalitarismus stellte, war zweifellos der Umgang mit der Vorstellung des Bösen. In ihrem Buch *Elemente und Ursprünge totaler Herrschaft* hatte sie den Begriff des radikal Bösen verwendet, um die Ungeheuerlichkeit und Unvergleichlichkeit des Geschehens in den Vernichtungslagern zu bezeichnen. Dieser Begriff nimmt eine von Kant in seiner Schrift *Die Religion innerhalb der Grenzen der bloßen Vernunft* entwickelte Vorstellung auf und überschreitet sie zugleich. Kant hatte Natur und Erbsünde als Ursachen des Bösen abgelehnt und das Böse in den freien Willen verlegt. Das für Arendt unbestreitbar Weiterführende dieser Überlegung lag darin, daß das Böse aus dem ewigen Widerstreit zwischen zwei Urgewalten herausgelöst und in den konkreten Kontext von Geschichte und Verantwortung gestellt werden konnte. Dennoch war Kants Auffassung des Bösen als bewußtes Abweichen vom moralischen Gesetz unbefriedigend. Für Kant ist der Wille keine *besondere* geistige Fähigkeit im Unterschied zum Denken, sondern praktische Vernunft, »ein Vernunftwille ähnlich wie der Aristotelische nous praktikos«. (LdG II 141) Wenn der Wille nur als ausführendes Organ der Vernunft vorgestellt wird, dann sind alle Widersprüche, die aus dem Bösen als Willensphänomen resultieren, gegenstandslos. Da das »trostlose Ungefähr« der Geschichte erklärungsbedürftig bleibt, weicht Kant auf die Menschheit als Gattungssubjekt aus. Der Einzelne kann den Sieg des Guten nicht bewirken. Aber für die Gemeinschaft der Menschen wird durch die »Errichtung und Ausbreitung einer Gesellschaft nach Tugendgesetzen« das »gute Prinzip über das Böse« schließlich den Sieg davontragen. In dieser Perspektive kann dem Bösen sogar die Rolle einer schöpferischen Kraft zugemessen werden. Der Einzelne erfährt die zerstörerische Wirkung des Bösen; aufs Ganze gesehen aber trägt es zur Entfaltung »aller Naturanlagen der menschlichen Gattung« bei. Für Arendt ist nicht nur Kants geschichtsphilosophische Flucht vor den Aporien des Willens problematisch. Darüberhinaus läßt sich mit seiner Bestimmung des Bösen als

Willensphänomen das totalitäre Böse nicht verstehen. Denn der Wille als rein spontanes Vermögen setzt die Existenz strukturierter zwischenmenschlicher Beziehungen über die Frage von Recht und Unrecht voraus, an denen er sich orientieren kann. Dies aber war im Totalitarismus nicht mehr der Fall. Die Frage von Recht und Unrecht hing buchstäblich in der Leere des zerstörten zwischenmenschlichen Raums. Der Wille hatte hier keine Wahlmöglichkeit mehr. Wenn Arendt dennoch die Formulierung des radikal Bösen von Kant übernimmt, so ist sie sich der Vorläufigkeit ihres Bezeichnungsversuchs bewußt. Immer neue Umschreibungen – mithilfe der Metapher der Wüste, das radikal Böse ist das, was Menschen weder bestrafen noch verzeihen können, es dient als Beweis, daß alles möglich ist – versucht sie Schichten dieses Phänomens freizulegen, ohne es in einem neuen Begriff festzuschreiben:

»Aber in ihrem Bestreben, unter Beweis zu stellen, daß alles möglich ist, hat die totale Herrschaft, ohne es eigentlich zu wollen, entdeckt, daß es ein radikal Böses wirklich gibt und daß es in dem besteht, was Menschen weder bestrafen noch vergeben können. Als das Unmögliche möglich wurde, stellte sich heraus, daß es identisch ist mit dem unbestrafbaren, unverzeihlichen radikal Bösen, das man weder verstehen noch erklären kann durch die bösen Motive von Eigennutz, Habgier, Neid, Machtgier, Ressentiment, Feigheit oder was es sonst noch geben mag und demgegenüber daher alle menschlichen Reaktionen gleich machtlos sind; dies konnte kein Zorn rächen, keine Liebe ertragen, keine Freundschaft verzeihen, kein Gesetz bestrafen.« (EuU 701)

Das radikal Böse funktioniert innerhalb der zivilisierten menschlichen Welt, indem es diese Welt zerstört, zuerst die juristische Person, dann die moralische und schließlich die spezifische menschliche Individualität durch die Ausbeutung der unendlichen Leidensmöglichkeiten des Körpers.

Zwischen dem faktischen Nichts am Ende dieses Prozesses und den philosophischen Reflexionen über das Nichts von Schelling bis Nietzsche klafft ein Abgrund. Jeder Versuch der Vermittlung muß das Spezifische des totalitären Bösen verfehlen. Doch offen ist zunächst, wie der von Arendt geforderte Einschnitt gedacht werden kann und ob er zu einer neuen Ethik führt. Deutlich ist nur der Weg, den sie einschlägt. Sie folgt nicht der Methode Kants, der Erörterung der theoretischen Voraussetzungen von Erfahrung, sondern der Nietzsches, der Methode des Gedankenexperiments und der erzählenden Beschreibung der »allernächsten Dinge, der Oberfläche«. Der Eichmannprozeß bildete für diese Entscheidung die ausschlaggebende Erfahrung. Ihre Beobachtungen Eichmanns während des Prozesses hatten für sie eine geradezu kathartische Dimension. Denn ihr wurde blitzartig klar, worin ihre bisher unsichtbare Abhängigkeit von der Tradition bestand, welche ihre Überlegungen auf der Stelle treten ließ. Es war die von Kant übernommene Vorstellung der Radikalität, die traditionell mit der Dimension der Tiefe konnotiert wird:

> »Es ist in der Tat meine Meinung, daß das Böse niemals ›radikal‹ ist, daß es nur extrem ist und daß es weder Tiefe noch irgendeine dämonische Dimension besitzt. Es kann die ganze Welt überwuchern und verwüsten, eben weil es sich wie ein Pilz auf der Oberfläche ausbreitet. Es ist ›resistent gegen den Gedanken‹, wie ich gesagt habe, weil der Gedanke danach strebt, Tiefe zu erreichen, an die Wurzeln zu gehen, und in dem Augenblick, da er sich mit dem Bösen befaßt, wird er vereitelt, weil da nichts ist. Das ist ›Banalität‹.« (BScho 507)

In ihrem Bericht von der Banalität des Bösen gibt sie eine aufmerksame und genaue Beschreibung dieses Oberflächenphänomens im einfachen und materialen Sinn des Wortes, indem sie Baustein für Baustein ein Mosaik zusammensetzt. Ihre Beobachtungen bewegen sich auf der äußeren Ebene der Wirklichkeit und verdichten sich nur dann, wenn die Dinge in eine überraschende Beziehung zueinander treten. Auf diese Weise kann sie eine Vorstellung von der Banalität des Bösen geben, ohne die widersprüchlichen und paradoxen Elemente durch eine endgültige Definition abzutrennen. Das Banale ist nicht das Wesen des Bösen. Arendt wendet sich ausdrücklich gegen Erklärungen, die das Ungeheuerliche wiederum als etwas identifizieren wollen. So wurde einerseits aus psychoanalytischer Sicht die Normalität Eichmanns zum eigentlich Pathologischen umdefiniert. Andererseits vermutete man hinter der Leere seiner Worte eine metaphysische Tiefe. Arendt argumentiert dagegen:

> »Die Richter hatten zwar recht, als sie dem Angeklagten bei der Urteilsverkündung sagten, alles, was er vorgebracht habe, sei ›leeres Gerede‹ gewesen, aber sie glaubten – zu Unrecht –, daß diese Leere vorgetäuscht war und daß der Angeklagte dahinter Gedanken zu verbergen wünschte, die zwar abscheulich, aber nicht leer waren.« (EJ 77 f.)

Arendt versucht nicht, Eichmann zu entlarven, also eine verborgene Wahrheit hinter seinen Worten zu finden, sondern sie achtet darauf, wie Eichmann sich wirklich verhält, wie er redet, wann er stockt, verstummt oder in eine plötzliche emphatische Selbstdarstellung verfällt, an welche Dinge er sich genau erinnert, was seinem Gedächtnis entfallen ist, welche Situationen ihn ärgerlich machen und welche ihn in gehobene Stimmung versetzen. Sie gelangt dabei zu einer bemerkenswerten Beobachtung. Eichmanns Gedächtnis funktioniert schlecht, nicht weil er seine Taten vertuschen will, wie man sofort vermutete, sondern weil er sich nur an die Situationen erinnert, die mit den Wendepunkten seiner Karriere zusammenfallen. Während geschichtliche Fakten, wie zum Beispiel der Kriegsbeginn, weitgehend seinem Gedächtnis entschwunden sind, kann er sich genau an die Redensarten erinnern, die ihn in den verschiedenen Situationen seines Lebens in eine euphorische Stimmung versetzt hatten. Besonders an die Zusammentreffen mit höheren Vorgesetzten erinnert sich Eichmann präzise, wenn dabei seine Person die gebührende Aufmerksamkeit gefunden hatte. Nun könnte man die primitive Autoritätsgläubigkeit Eichmanns damit abtun, daß man auf die psychoanalytischen Studien zum autoritären Charakter verweist. Arendt will jedoch auf etwas anderes hinaus. Eichmanns Stimmungen und Redeweisen, an die er sich erinnert, stehen in krassem Widerspruch zu dem, was wirklich passiert ist. Sein Bewußtsein ist besetzt mit Stereotypen und gängigen Redeweisen, die einen nach außen wirksam abgedichteten Raum bilden. Mit anderen Worten: Seine standardisierten Ausdrucks- und Verhaltensweisen sind nicht korrigierbar durch den Kontakt mit der Realität. Diese geschlossene Welt ist auch nicht dadurch zu öffnen, daß man der betreffenden Person ins Gewissen redet. Denn das Gewissen hat entsprechend der Struktur dieser geschlossenen Welt einen genau definierten Platz in ihr. Es funktioniert *systemkonform.* Deshalb braucht Eichmann auch nicht, »wie es im Urteil hieß, ›sein Ohr der Stimme des Gewissens zu verschließen‹; nicht, weil er keins gehabt hätte, sondern weil die Stimme des Gewissens in ihm genauso sprach wie die Stimme der Gesellschaft, die ihn umgab.« (Ebd. 163)

Die Maßstäbe eines selbstverständlichen Wissens über das, was gerecht und was ungerecht ist, waren überlagert von zwanghaften Vorstellungen und Handlungsweisen, deren Gewalt man sich nur entziehen konnte, wenn man bewußt aus diesem System heraustrat. So wäre es zu einfach zu behaupten, Eichmann sei ein dummer, gefügiger Massenmörder gewesen. Er war vielmehr unfähig, auch nur einen Moment seine Vorstellungswelt zu verlassen, die mit der des Systems identisch war. Der Maßstab, an dem sich das Gewissen orientiert, bildet sich nicht als autonome innere Instanz, sondern bezogen auf die Welt zwischen den Menschen:

> »Unabhängig von diesem Zwischen gibt es nicht Recht und Unrecht. Sobald es schwindet, verschwinden mit ihm die Maßstäbe im buchstäblichsten Sinne. Es gibt kein Gewissen, das diesen Schwund, gleichsam im leeren Raum, überleben könnte.« (DT VIII 15)

Von dem Moment an, wo die Menschenrechte als solche, nämlich das Recht auf Anerkennung des bloßen Menschseins, nicht mehr durch eine transzendente Macht, vor der jeder Einzelne gleich ist, geschützt werden kann, bewirkt die Zerstörung des weltlichen Raums der Gesetze, Institutionen und Verträge, innerhalb derer sich die Menschen wechselseitig die Anerkennung der Menschenwürde garantieren, eine tatsächliche Ausbreitung des Nichts. Erst in einer säkularisierten Gesellschaft konnte sich das Überflüssigwerden des Menschen wuchernd ausbreiten. Sofern sich die Menschen innerhalb der Normalität des Totalitarismus bewegten, richteten sich die Maßstäbe für das, was sie einander antun, nach dieser Normalität. Das totalitäre Böse konnte folglich kein Phänomen sein, was *in* uns sitzt. Hier trennt sich Arendt von Kants Interpretation des radikal Bösen: »Als Kant das ›radikal Böse‹ erwähnte, hat er sich zwar nicht seinen ›Philosophenmantel beschlabbert‹, aber er hat auch nicht gesehen, daß er damit auf etwas stieß, was nicht in der Sittenlehre und nicht in der Moral beheimatet ist und nicht der praktischen Vernunft entspringt.« (DT VIII 19) Die Banalität des Bösen ereignet sich andererseits aber auch nicht im Raum *zwischen* den Menschen. Es entsteht nur dann, wenn dieser Raum bereits zerstört ist. Wenn jede greifbare Gemeinsamkeit vernichtet ist und nur sie den Maßstab für Recht und Unrecht abgeben kann, wie läßt sich dann aber die Entstehung von Widerstand denken, ohne wie Kant die Existenz eines unzerstörbaren moralischen Gesetzes im Innern des Menschen zu behaupten? Die Antwort Arendts verläßt das Terrain der Auseinandersetzung zwischen Vernunft und Willen, auf dem sich Kant und im Gegenzug Nietzsche bewegt hatten: Kant, der den Willen zum Vollzugsorgan der Vernunft macht und ihn dadurch von der Willkür des Bösen befreit, und Nietzsche, der »alles umkehrt«, indem er sagt: »der Wille ist böse nur unter der Voraussetzung der guten Ohnmacht der Vernunft«, womit »wesentlich nichts geändert (wird), außer daß gesagt ist, daß umgekehrt auch ein Schuh daraus wird.« (DT VIII 34) Die Banalität des Bösen ist weder ein Phänomen der Moral noch des Willens, sondern der fehlenden Urteilskraft, der Unfähigkeit, die Differenz zu denken:

> »Die Trennungslinie zwischen denen, die urteilen, und denen, die nicht urteilen, verläuft quer zu allen sozialen, kulturellen und bildungsmäßigen Unterschieden. In dieser Hinsicht kann uns der totale moralische Zusammenbruch der angesehenen Gesellschaft während des Hitler-Regimes lehren, daß die, die unter solchen Umständen zuverlässig sind, nicht diejenigen sind, die Werte pflegen und an moralischen Normen und Maßstäben festhalten; wir wissen jetzt, daß sich das alles über Nacht ändern kann, und alles, was dann übrigbleibt, ist die Gewohnheit, an irgendetwas festzuhalten. Viel verläßlicher sind die Zweifler und Skeptiker, nicht weil Skeptizismus gut und Zweifeln heilsam ist, sondern weil sie daran gewöhnt sind, Dinge zu prüfen und sich eine eigene Meinung zu bilden. Am besten von allen sind diejenigen, die wissen, daß wir, solange wir leben, dazu verurteilt sind, mit uns selber zusammenzuleben, was auch immer noch passieren mag.« (DV 21)

Kehren wir noch einmal zurück zum Augenblick der Entdeckung der Banalität des Bösen. Es war ein Einfall im wörtlichen Sinn: Hannah Arendt betont den unerwarteten und singulären Charakter dieser Erfahrung, die sich plötzlich zur Einsicht verdichtete. Diese Einsicht hat jedoch nicht den Stellenwert eines Beweises, der eine neue Theorie begründen könnte. Eher kommt sie einem Ereignis gleich, das weitere Metamorphosen der Tradition hervorrufen soll, eine Vielfalt von Denkmöglichkeiten, die sich der Realität des totalitären Bösen stellen und nicht in philosophische Konstruktionen ausweichen. Der Schock der Erfahrung: »Ich war frappiert von der offenbaren Seichtheit des Täters, die keine Zurückführung des unbestreitbar Bösen seiner Handlungen auf irgendwelche tieferen Wurzeln oder Beweggründe ermöglichte« (LdG I 14), führt zu einer fragenden und experimentierenden Theorie, die keine Anerkennung irgendeiner Rationalität voraussetzt: »Könnte vielleicht das Denken als solches – die Gewohnheit, alles zu untersuchen, was sich begibt oder die Aufmerksamkeit erregt, ohne Rücksicht auf die Ergebnisse und den speziellen Inhalt – zu den Bedingungen gehören, die die Menschen davon abhalten oder geradezu dagegen prädisponieren, Böses zu tun?« (LdG I 15). Es scheint so, als würde Arendt zu Heideggers negativer Bestimmung der öffentlichen Sphäre als »Gerede« zurückkehren, die in sich keine Möglichkeit bietet, zur Wirklichkeit der Existenz vorzudringen. Für Heidegger gibt es keine Differenzierung zwischen dem alltäglichen Dasein und der Politik. Arendt modifiziert jedoch diesen Gedanken, indem sie ihn in verschiedene Elemente zerlegt und anders zusammensetzt. Wenn wie im Totalitarismus alle Freiheit vernichtet ist, dann werden die instrumentellen Regeln und Gewohnheiten des Alltags zur allein bestimmenden Logik. In Ausnahmesituationen ist der Satz Heideggers, »daß das Licht der Öffentlichkeit alles verdunkelt«, richtig. Im Unterschied zu Heidegger, der seine Darstellung nicht in einer herabsetzenden Bedeutung verstanden wissen will, nimmt Arendt jedoch eine Wertung vor. Der Ort, an dem die Differenz wirklich erfahren werden kann, bleibt der öffentliche Raum. Nur in finsteren Zeiten wird die Verborgenheit des privaten Raums zu einem Refugium. Das heißt aber auch, daß der Ort der Philosophie von dem der Politik aus betrachtet wird. Damit soll nicht die Eigenständigkeit der

Philosophie eingeschränkt werden. Der deformation professionelle der Philosophen kann nicht mit einer Politisierung der Philosophie entgegengetreten werden. Denn es ist gerade die Unabhängigkeit von der Umwelt und den sie beherrschenden Gesetzen der Homogenisierung, welche die Philosophie zur Verteidigung der Freiheit des Individuums disponiert. Nur dem Denken als reinem Vermögen, das von vorgegebenen Normen und Mustern befreit, kann die Aufgabe zuteil werden, den Zugriff der Umwelt zu lockern und gegen den Druck der Gleichschaltung die Differenz »vor den eigenen Augen präsent (zu) haben und (zu) berücksichtigen«. Doch das Kriterium für den schweigenden Dialog des Denkens bleibt die Realität des Anderen, nicht das andere Selbst.

Insofern hat sich das Denken der Abwesenheit von Realität immer bewußt zu sein. Wenn ich denke, kann ich eben nicht sicher sein, daß ich bin. Vielmehr gilt der Satz Valerys: Tantôt je pense, tantôt je suis. Wie aber macht Arendt einsichtig, daß die Sokratische Methode, alle Gewohnheiten zu hinterfragen und aufzulösen, ein tatsächliches Vermögen des Denkens darstellt, das als letztes Hindernis gegenüber der totalitären Beherrschung angesehen werden kann? In *Vita activa,* dem Werk, das sich am intensivsten den Möglichkeiten des Handelns widmet, war sie noch davon ausgegangen, daß es im Totalitarismus einfacher sei zu handeln als zu denken. Und zwar aufgrund der absoluten Unverfügbarkeit des Anfangens, die nur dem Handeln zukommt. Dort hatte sie geschrieben, daß es »erheblich leichter (sei), unter den Bedingungen tyrannischer Herrschaft zu handeln als zu denken«. Doch daneben finden sich Spuren von Erfahrung, die in eine andere Richtung weisen. Anläßlich ihres ersten Besuchs im Nachkriegsdeutschland notiert sie in ihr Denktagebuch:

»Die alte Maxime: Immer besser nur etwas tun als gar nicht handeln – stimmt nur für Situationen, in denen es das Rechte,

> was zu tun ist, gibt. Dann bewegt sich alles Handeln, auch wenn es dies Rechte verfehlt, doch gleichsam im Raum, den das Rechte beherrscht oder der von dem Rechten geordnet wird. Wir aber haben Situationen erlebt, wo umgekehrt gilt: Wie man's macht, ist's falsch. Dies sind Situationen, die vom Unrechten beherrscht, Räume, die vom Unrecht her geordnet werden. Es ist die Situation des totalen Unrechts – nämlich genau das, was eigentlich nie vorkommen darf. Dann scheint gar nicht handeln empfehlenswerter. Hier wird auch das Rechte zum Unrecht. In diese Situation sind die Alliierten z.B. mit den Entnazifizierungsverfahren geraten: was immer man gemacht hätte, wäre falsch gewesen und hätte neues Unrecht erzeugt. Man handelte nämlich in den Raum totalen Unrechts hinein, so wie er von den Nazis geschaffen worden war.« (DT VIII 47)

Die komplizierte Fragestrategie, die sie ausgehend von dem Gedanken der Banalität des Bösen in ihrem Buch *Das Denken* entwickelt, zeigt an, daß es keine Antwort gibt, die sich von selbst versteht, das heißt auf dem Boden der Tradition gegeben werden könnte. Das betrifft ebenso Nietzsches provozierende Absage an die Moral. Denn ihre Kritik an der traditionellen Behandlung der Frage von Gut und Böse im moralischen Kontext stellt keine einfache Wiederholung der Position Nietzsches in *Jenseits von Gut und Böse* dar. Es geht ihr nicht um Abschaffung der Moral, sondern um ihre Eingrenzung. Gegen die auf Plato zurückgehende Vermischung von Philosophie und Politik in der Moral reklamiert sie die Eigenständigkeit beider Bereiche. Die Politik betreffend heißt es daher: Jedes Handeln ist prinzipiell amoralisch. Darin ist sie sich mit Nietzsche einig: »Moral bezieht sich auf unser *behaviour,* ist also von vornherein ein Gesellschafts- und kein eigentlich politischer Begriff. Alle Moral versagt, sobald wir anfangen zu *handeln,* einen Anfang zu setzen. Diesen Anfang hat die Moral niemals vorgesehen.« (DT XXI 13) Dennoch kommt der Moral im öffentlichen

Raum eine Aufgabe zu. Und es ist ausgerechnet Nietzsche, bei dem sie deren angemessenste Formulierung findet: »Alle Moral läßt sich wirklich auf Versprechen und Halten des Versprochenen reduzieren. Dies hat nichts zu tun mit der konkreten Frage von Recht und Unrecht einerseits und den ›Zehn Geboten‹ andererseits.« (DT II 49) Die Möglichkeit, sich der totalitären Homogenisierung zu entziehen, wird nun in komplexere Beziehungen aufgefaltet: zwischen Denken, Wollen, Urteilen, Handeln.

3. Die Polis als Möglichkeit der Demokratie heute

3.1 »Ursprung ist ein der Geschichte Entspringendes«. Das vergessene Politische

Keiner der Gedanken Hannah Arendts hat weniger theoretische Beachtung gefunden als ihr Versuch, das Wort Politik bis zu seiner ursprünglichen Bedeutung zurückzuverfolgen, auf dem Grund des Vergessens die Polis als unvergängliche Erfahrung freizulegen und in die Gegenwart zu heben. Gedeutet wurde dieses Gedankenexperiment entweder als eine schöne literarische Geste, welche in das versunkene Reich der Kindheit unserer Zivilisation entführt und allenfalls an unsere Fähigkeit, von der Freiheit zu träumen, erinnert[11]; oder als »anti-modernistische« Entgleisung einer sonst so gegenwärtigen und differenzierten Denkerin, die ihre Abhängigkeit von der Ursprungsphilosophie Heideggers nicht überwunden hat.[12] Wie kein anderes Experiment wirkt dieses gewaltsam und unzeitgemäß. Ihre Idee, daß die unmittelbare Aussagekraft eines Gedankenbruchstücks umso größer ist, je weniger es bearbeitet wurde, scheint an der Undurchdringlichkeit von historischen Schichten, die sich auf ihm abgelagert haben, gescheitert zu sein.

Was tatsächlich den Zugang zu diesem Gedanken schwierig macht, ist die Radikalität, mit der sie die historischen Zusammenhänge wegbricht, um die Korrespondenz zwischen der griechischen Erfahrung und den Fragen der Gegenwart herauszuarbeiten. Die wenigen historischen Zeugnisse, die sie skizziert, um die Entstehung und die Besonderheit des politischen Raums verständlich zu machen, brüskiert noch mehr als ihre Totalitarismusanalyse das Bedürfnis nach genauer historischer Darstellung, wie umgekehrt die Ignorierung entscheidender Probleme der modernen Massendemokratie wie der sozialen Frage den angestrebten Effekt, ihre Entdeckung durch unmittelbare Präsentation sinnfällig zu machen, um seine Wirkung bringt. Doch diese Schwierigkeiten benennen noch nicht den entscheidenden Punkt, an dem sich das Für und Wider spaltet und der sich mit folgendem Satz Arendts umschreiben läßt: »Die Gefahr ist, daß das Politische überhaupt aus der Welt verschwindet.« Was ist damit gemeint?

Die vollständige Abwesenheit des Politischen charakterisiert die Herrschaft des Totalitarismus. In unermüdlichen Wiederholungen hat Arendt versucht, dieses Phänomen einsichtig zu machen: Absolute Abwesenheit des Politischen ist gleichbedeutend mit organisierter Verlassenheit, in die der Totalitarismus die isolierten, nur noch in der Gleichschaltung Sicherheit findenden Massen zwingt und für das Gesetz der Vernichtung präpariert. Was bei oberflächlicher Betrachtung wie eine sozialpsychologische Disposition erscheint, die für den Totalitarismus anfällig macht, ist etwas ganz anderes: In der Verlassenheit zeigt sich die Zerstörung des Raums zwischen den Menschen, von Arendt Welt genannt, in dem sie sich als Verschiedene und Gleiche aufeinander beziehen und wechselseitig anerkennen. Wenn diese gemeinsame Welt zerstört ist, dann müssen die Menschen einander bis zur Ununterscheidbarkeit gleichen, um sich der Realität noch gewiß zu sein. Die Aufrechterhaltung des Zwischenraums entspricht der Pluralität der Menschen, seine Zerstörung der Utopie des Einen Menschen. Erst die absolute Negation dessen, was Politik ausmacht, läßt in aller Klarheit hervortreten, wodurch Pluralität allein geschützt werden kann. Das einzige Gegenprinzip gegen die totalitäre Gefahr ist die Demokratie, die zerbrechlichste aller politischen Formen, die die Menschen erfunden haben. Denn sie existiert nur so lange, wie sie Zustimmung erhält. Demokratie und Politik stehen für Arendt in einem unlösbaren Zusammenhang. Nicht jedes Zusammenleben der Menschen kann als politisch bezeichnet werden. Damit löst sie sich aus dem naturrechtlichen Begründungszusammenhang in der Aristotelischen Tradition des zoon politikon. Nicht die Sorge um den Menschen steht im Mittelpunkt des Politischen, sondern die Sorge um die Welt zwischen den Menschen. Freiheit im ursprünglichen Sinn meint etwas Tatsächliches, nämlich Bewegungsfreiheit:

> »Ursprünglich erfahre ich Freiheit und Unfreiheit im Verkehr mit anderen und nicht im Verkehr mit mir selbst. Frei *sein* können Menschen nur in bezug aufeinander, also nur im Bereich des Politischen und des Handelns; nur dort erfahren sie, was Freiheit positiv ist und daß sie mehr ist als ein Nichtgezwungenwerden.« (FuP 670)

Alle Daseinsweisen des Politischen haben Phänomencharakter: Anfangen, Handeln, Reden, Überzeugen. Die »äußere« Sichtweise der Phänomene ermöglicht es, den Raum des Politischen als einen rein weltlichen zu konstruieren, der ohne transzendente Begründungen auskommen muß. Im Zeitalter der Ideologien, wo wechselnde fiktive Substitutionen die faktische Leere zwischenmenschlicher Beziehungen durch übermenschliche Gesetze zu kaschieren versuchen, wird die Hervorhebung des materiell Vorfindlichen zur einzig adäquaten Entgegnung. Nur das faktische Dasein der politischen Welt, das ganz im Sinne Heideggers als das, was sich von selbst zeigt, verstanden wird, läßt sich nicht durch Ideologien beherrschen. An der Tatsächlichkeit der Pluralität der Menschen scheitert das Ideologische, das Moralische und das Metaphysische.

Damit begibt sich Arendt in eine Auseinandersetzung mit allen Konzeptionen, die das Politische nicht aus sich selbst, sondern von einem anderen Ort aus definieren, und das betrifft die herrschende Tradition politischen Denkens seit Plato. Erschreckt durch die Verurteilung des Sokrates, hatte sich Plato von der Politik abgewandt, indem er vor den Unsicherheiten der vielen Meinungen in die Sicherheit der einen philosophischen Wahrheit flüchtete. Damit trat das Absolute in eine Sphäre ein, die wesentlich pluralistisch und daher relativ ist. Seitdem hat sich diese Usurpation in wechselnden Konstellationen und Denkmustern wiederholt. Die Wahrheit, der Mensch, die Menschheit, das Volk, Rousseaus volonté générale, die Geschichte oder das Klasseninteresse, immer handelt es sich darum, daß ein in sich stimmiger und durch keine Erfahrung irritierbarer »Supra-Sinn« an die Stelle der Vielfalt der Meinungen und Urteile tritt. Die vielfältigen Substitutionen und Verengungen des Politischen kulminieren schließlich in seiner rein negativen Bestimmung: Politik wird zum notwendigen Übel, um das Eigentliche, die Entfaltung des Lebensprozesses zu sichern. Freiheit scheint nur noch in den gesellschaftlichen Bereichen jenseits der Politik möglich zu sein, während in die Politik die Gesetze der Professionalisierung, Instrumentalisierung und Gewalt einziehen. Politik als Sachzwang, als Vollzug geschichtlicher Gesetze, als Monopol von Parteien, als Kampfarena von Jobholders – das sind alles gefährliche Transformationen, in denen der Mensch seine Autonomie und Erfindungskraft preisgibt: »Der Begriff der Freiheit ist überall im Verschwinden, wo entweder der Begriff der Gesellschaft oder der Begriff der Geschichte an die Stelle eines Begriffes von Politik getreten sind.« (Ebd. 678)

Durch die Identifizierung von Macht und Gewalt, der gefährlichsten Verstellung des Politischen, wird schließlich die Erfahrung der Polis zu einer fernen unzugänglichen Vergangenheit. Denn gerade dem Bedürfnis nach Ausschaltung von

Gewalt, die nur in ihrer Transformation in den redenden Wettstreit zugelassen werden sollte, verdankt sie ihre Gründung. Gegen die Sinnlosigkeit, in die Politik durch Gewalt, Zwangsgesetze und Uniformierung geraten ist, erhebt Arendt jedoch nicht den dezisionistischen Entschluß »zurück zu den Quellen des Politischen« zur Alternative. Das Muster selbst, das nur die Wahl zwischen Gegensätzen zuläßt, von denen der eine nur als Wechselmarke des anderen funktioniert, muß preisgegeben werden:

> »Es hat wenig Sinn, so zu tun, als ob wir noch in (der Tradition) stünden, nur gleichsam zufällig vom rechten Pfad abgeirrt wären und es uns freistünde, jederzeit auf ihn wieder zurückzufinden. Dies heißt, wo immer die Krise in der Moderne aufgebrochen ist, man weder einfach weitermachen kann noch einfach umkehren. Eine solche Umkehr wird uns nie in irgendetwas anderes bringen als in jene Situation, aus der die Krise gerade erwachsen ist ... Das einfache, unbesonnene Weitermachen andererseits, sei es das Weitermachen in der Krise oder der Routine, die sich blind darauf verläßt, daß die Krise der Moderne diese Lebenssphäre nicht ergreifen wird, kann, weil sie sich dem Zug der Zeit überläßt, nur in den Ruin führen.« (KE 22)

Aus den Sackgassen der Gegenwart gelangt man nicht auf den Wegen der Tradition ins Freie, auch nicht auf denen der Polis. Die Polis kann weder Modell noch regulative Idee sein. Arendts Projekt arbeitet nicht an einer neuen Grundlegung von Politik, sondern gegen das herrschende Verständnis von Politik. Eine unmittelbare Anwendung der Werte der Polis würde sich dem gegenwärtigen Politikverständnis amalgamieren. Das läßt sich am Beispiel der »Pervertierung des agonalen Prinzips« von der Fähigkeit des öffentlichen Überzeugens zur erbarmungslosen Konkurrenz zeigen. Ursprünglich handelte es sich „nicht um besser und schlechter ..., sondern darum, zusammen mit den anderen come into one's own«. (DT XVII 41) Die Verwendung des Begriffs des reinen und ursprünglichen Politischen im Zusammenhang mit der Polis zeigt an, wie sie ihre Vergegenwärtigung verstanden wissen will. Der Ort der Vergegenwärtigung ist jene merkwürdige Lücke zwischen Vergangenheit und Zukunft, die einer Zäsur gegen das unaufhaltsame und sinnlose Weiter gleichkommt. In diesem Zwischenraum meldet sich das Gedächtnis, und es steht quer zur Zeit. Sieht man die Polis in diesem Kontext, so verliert sie jede normative Bedeutung. Das Innehalten in der Zeit vermag zu vergegenwärtigen, ohne den Faden der Tradition knüpfen zu müssen. Erinnerung wird nicht als lückenlose Rekonstruktion verstanden, sondern als Sammlung von Bruchstücken. Als Denkbruchstück bleibt die Polis in ihrer historischen Einmaligkeit erhalten, und zugleich kann von ihr eine irritierende Wirkung auf gängige Vorstellungen und institutionalisierte Denkordnungen ausgehen.

Betrachtet man unter diesem Aspekt Arendts politische Essays *Between Past and Future*, *Über die Revolution* und *Macht und Gewalt*, so wird erkennbar, daß viele Einsichten und Akzentuierungen sich der Fähigkeit verdanken, die politischen Kategorien und Wertungen aus ihrer traditionellen Ordnung herauszulösen, sie anders zu denken und zu kombinieren. Ihre Archäologie der politischen Begriffe trägt Schicht um Schicht ab bis zu den Stellen, wo sich die Identität als eine willkürlich zusammengepreßte Differenz von Erfahrungen zu erkennen gibt:

> »Ich werde herauszufinden versuchen, woher diese Begriffe kamen, bevor sie abgegriffenen Münzen und abstrakten Verallgemeinerungen zu ähneln begannen. Daher werde ich die konkreten historischen und allgemein politischen Erfahrungen befragen, aus denen die politischen Begriffe ursprünglich hervorgingen. Denn die Erfahrungen, die selbst hinter den abgedroschensten Begriffen stehen, bleiben gültig und müssen wiederentdeckt und neu aktualisiert werden, wenn man

gewissen Verallgemeinerungen entgehen will, die sich als schädlich erwiesen haben.« (WP 200 f.)

Wenn man auf diese Weise das Wort Macht aus seiner Verklammerung mit dem Wort Gewalt, das Wort Handeln mit dem Wort Herstellen, das Wort Freiheit mit dem Wort Souveränität herauslöst, und ihnen ihre Differenz zurückgibt, dann erscheinen die politischen Erfahrungen in einem anderen Licht. Die Geschichte öffnet sich an bisher versiegelten Stellen und gibt Erfahrungen preis, die so bisher nicht wahrgenommen wurden. Die geschichtlichen Stoffe spalten sich in alternative Erzählungen, in fragwürdige und nachdenkenswerte, zwischen denen eine Entscheidung getroffen werden kann.

Zu den fragwürdigen und zugleich mächtigen Traditionen der Moderne gehört die Vorstellung, daß man Geschichte *machen* könne. Sie hat sich zu einer Metatheorie entwickelt, die bis in feinste Verästelungen das gegenwärtige politische Denken durchdringt. Arendt legte mehrere Schichten frei. Am Grunde dieser Verkennung des Politischen liegt die »älteste Sünde aller politischen Philosophie des Abendlandes«, die Identifizierung von Herstellen und Handeln. Damit drang eine nur für das Herstellen spezifische Gewaltsamkeit in den politischen Bereich ein: die Instrumentalisierung des Handelns durch die Logik der Zweck-Mittel-Relation. Obwohl im politischen Raum beide Ebenen, die des Handelns und des Herstellens, nicht schematisch voneinander zu trennen sind, stellen sie strukturell ganz verschiedene Tätigkeiten dar. Durch Herstellen wird die Welt der Kultur und der Wissenschaften, Technik und Institutionen errichtet, eine Welt, die gerade durch ihre Dinghaftigkeit das Element der Dauer verkörpert und daher der flüchtigen Existenz endlicher Individuen so etwas wie eine Heimat sein kann. Demgegenüber ist das Handeln die einzige Tätigkeit, die sich ohne »die Vermittlung von Materie, Material und Dingen direkt zwischen den Menschen abspielt«. Nur das Handeln eröffnet durch seine Unvorhersehbarkeit einen Raum für die unverwechselbare Verschiedenheit der Menschen, während die Beziehungen im Herstellen durch identische Fähigkeiten geprägt sind. Gegenüber den Zwängen von Kultur, Wissenschaft und Technik, die aus der Materialität der Gegenstände resultieren, gibt es keine Freiheit. Im Handeln ist der Mensch frei, aber nicht souverän. Er ist niemals Autor des Prozesses, den er durch sein Handeln in Gang gesetzt hat. Instrumentalisierung des Handelns und Hypostasierung eines souveränen, alles berechnenden und planenden Subjekts sind die zwei Seiten der Usurpation des Politischen durch die Logik des Herstellens. Diese Usurpation entwickelt im Totalitarismus unvorstellbare zerstörerische Konsequenzen durch die Legierung mit einer anderen Logik: der unaufhaltsamen Gesetzlichkeit von Natur und Geschichte. Gegenüber dieser größten Gefahr in der Moderne, in die die Freiheit geraten kann, wird das Innehalten, die Rettung des Augenblicks des Nachdenkens und der Erinnerung, zum einzigen wirklichen Gegensatz. Wenn das aber so ist, dann erhebt sich die Frage, in welchem Verhältnis der reine Ursprung des Politischen, den die Polis verkörpert und der nur in einer komplexen Verknüpfung von Abwesenheit und Anwesenheit vergegenwärtigt werden kann, zu einer anderen Form von Ursprünglichkeit steht, die in Arendts politischem Entwurf eine große Rolle spielt: die der Erfahrung.

Erfahrung ist eine Schlüsselkategorie im Denken Hannah Arendts. Ihr Stellenwert scheint sich von selbst zu verstehen, und es gibt nicht wenige Passagen in ihrem Werk, in denen beide Vorstellungen vom Ursprung verschmelzen, zum Beispiel in ihrer Auffassung vom Gründungsakt einer Republik. Das abgründige und unnormierbare Wollen, das jedem Anfang innewohnt, wird gemildert durch das Phänomen der Erfahrung. Durch Erfahrung wird die im Souveränitätsbegriff ungetrennte Einheit von Wille und Macht aufgesprengt.

Die verfassungsgebende Macht erweist sich als strukturiertes Handeln der Vielen. Auf diese Weise wird nicht nur der verfassungsschöpfende Akt in seiner dezisionistischen Aura relativiert. Das schöpferische Subjekt selbst wird in seiner widersprüchlichen Problematik einsehbar. Seit der Französischen Revolution enthält der Gründungsakt nicht nur Elemente von Homogenität und Allmacht, er wird ebenso universalistisch legitimiert. Denn die verabschiedeten Rechte sollen für alle gleich und zwingend sein, für gegenwärtige und künftige Generationen. Die historischen Erfahrungen zeigen jedoch im Gegensatz zu den proklamierten Gesetzen, daß die Gründungen von Demokratie bisher zugleich Ausgrenzungen von Pluralität bedeuteten. Durch Erfahrung kommt Pluralität in ihre asymmetrischen Wirklichkeit wieder zu ihrem Recht. Doch hier entsteht ein Problem anderer Art. Die konstitutiven Merkmale des Politischen, Pluralität und Freiheit, scheinen sich unaufhebbar gegeneinander zu kehren. In diesem Widerstreit kann es passieren, daß sich die Positionen wieder umkehren: Während sich Erfahrung als ein Einfallstor für nicht mehr balancierbare Widersprüche herausstellt, wird der reine Begriff des Politischen zu einem letzten Hindernis, um im Strudel der Ereignisse die Authentizität des Politischen zu bewahren.

3.2 Die Geschichte kommt wie ein Dieb in der Nacht. Möglichkeiten und Grenzen der Erfahrung

In ihrem Essay über Rosa Luxemburg gibt Hannah Arendt eine konzentrierte Darstellung der Bedeutung von Erfahrung im Kontext des Urteilens und politischen Handelns. Erfahrung ist das einzigartige Vermögen, das aus den steinernen Gehäusen vorgefaßter Meinungen und akademischer Denkschemata herauszuführen vermag und den Zugang zur

Realität offenhält. Gegenüber geschichtsphilosophischen Konstruktionen à la Hegel und Marx, aber auch gegenüber den universalistischen Gleichheitsgrundsätzen von Verfassungen, rehabilitiert die Betonung der Erfahrung den Zufall und die Partialität geschichtlichen Handelns. Die Originalität von Arendts Überlegungen liegt jedoch keineswegs bereits in der Aufforderung, den Ort des abstrakten, egalisierenden und normierenden Wissens zu verlassen und sich den Möglichkeiten des Konkreten zuzuwenden. Seit Nietzsches Kritik an den Systembauern gehört Erfahrung zum pathetischen Repertoire verschiedener philosophischer Richtungen. Wir finden sie bei Simmel, Buber, Benjamin und Heidegger. Was Arendt auszeichnet, ist der genaue und anschauliche Kontext, in dem die Bedeutung von Erfahrung sinnfällig gemacht wird. Zum Beispiel anhand von Rosa Luxemburgs Kritik der Politik der Bolschewiki. Durch exemplarisches Erzählen bleibt Erfahrung in ihrer konkreten und empirischen Dimension einsehbar und verengt sich nicht zu einer naturalistischen Doktrin, in der die Elemente der Unmittelbarkeit verabsolutiert werden.

In einer Reihe von Annäherungen extrapoliert Arendt aus den Texten Luxemburgs Situationen und Haltungen, die ihre außerordentliche Erfahrungsfähigkeit begründen können und die wie ein Netz von Ermöglichungen auf den einen Punkt zulaufen, an dem Erfahrungsfähigkeit sich zu einer politisch bedeutsamen Einsicht verdichtet, nämlich zu der, daß »das Wort Revolution nur mit einer echten revolutionären Situation in Berührung zu kommen braucht, um alsbald in bedeutungslose Silben zu zerfallen«. (RL 70) Erfahrung teilt etwas Besonderes mit, und zwar liegt die Besonderheit durchaus in der Schnelligkeit, mit der etwas plötzlich in ein Urteil umschlägt. Schnelligkeit und Genauigkeit zeichnen Luxemburgs Einschätzungen der Russischen Revolution aus. Das Verblüffende besteht darin, daß sie bis heute an Gültigkeit nicht verloren haben: die Kritik an dem autoritären Anspruch, über Geschichte verfügen zu wollen, an der Zentralisierung der politischen Macht durch die Partei, der Zerstörung aller politischen Räume, in denen unkontrollierbare Erfahrungen gemacht werden können. Dieses Muster eines plötzlichen Urteils durch Erfahrung, die wie der Pol eines Magnetfeldes alle Beziehungen neu strukturiert, taucht in Arendts Werk häufiger auf, und zwar an exponierten Stellen ihrer eigenen theoretischen Entwicklung. Das bekannteste Beispiel ist die Entstehung und sprachliche Präzisierung des Gedankens der Banalität des Bösen anläßlich der Erfahrungen, die sie während des Eichmannprozesses machte. Schnelligkeit ist also nicht mit Vorläufigkeit ineins zu setzen. Vielmehr haben wir es hier mit einem Wahrnehmungsmodus zu tun, den Arendt mithilfe der von Kant entlehnten Kategorie der »erweiterten Denkungsart« zu umschreiben sucht. Diese Kategorie zeigt einerseits eine klare theoretische Richtung an: Sie bildet die kritische Gegenposition zur philosophischen Auffassung, Pluralität könne in ihrer Tatsächlichkeit rein theoretisch, das heißt in der Zurückgezogenheit des denkenden Ichs repräsentiert werden. Doch so, kommentiert sie entsprechende Entwürfe von Jaspers und Buber, »kommt man nie zum Wir, der wahren Pluralität des Handelns ... Ein recht häufiger Fehler moderner Philosophen, die in der Kommunikation eine Wahrheitsgarantie sehen ..., ist die Meinung, die Innerlichkeit des Zwiegesprächs, das ›innere Handeln‹, das sich an die eigene Person ›wendet‹ oder an das ›andere Selbst‹ – Aristoteles' Freund, Jaspers' Geliebter, Bubers Du –, könne als Vorbild in der politischen Sphäre dienen.« (LdG II 191)

Auf ungewöhnliche Weise korrespondiert der zeitliche Rhythmus der erweiterten Denkungsart, ihre äußere Beweglichkeit, mit der Zeit des geschichtlichen Handelns, mit seiner Unwägbarkeit und Plötzlichkeit. Andererseits kann die Nähe zum geschichtlichen Handeln auch zur Falle werden: so für Sokrates, dessen Überzeugungskraft nicht ausreichte, die drohende Verurteilung abzuwenden, oder für Rosa Luxemburg, die sich gegen ihre Einsicht am Spartakusaufstand beteiligte, weil der Anspruch auf politische Partizipation und Verantwortung ein Danebenstehen unmöglich machte. Auf diese Weise geriet sie in die aporetische Situation, zwischen zwei Unmöglichkeiten wählen zu müssen. Arendt sah sich selbst in unlösbare Widersprüche verstrickt in der heftigen Kontroverse um ihr Eichmannbuch. In einem Brief an Jaspers bekannte sie: »Ich bin außerstande, mich so in die Öffentlichkeit zu begeben, schon weil der Ekel vor diesem Spektakel bei mir alles Übrige übermannt.« (BWJ 560)

Erfahrungsfähigkeit erweist sich hier als ein Hindernis, um eine handlungsfähige Distanz gegenüber den Widersprüchen zu wahren. Deshalb wäre es ein empiristisches Mißverständnis, würde man Erfahrung im Denken Arendts als ein Vermögen betrachten, das zwischen der Realität und dem Urteilen eine sichere Brücke zu schlagen vermag. Erfahrung zum Maß des Denkens zu machen, ist eine ebenso produktive wie vieldeutige Haltung. Erfahrung bildet zwar eine Öffnung gegenüber der Realität, aber es führt weder ein direkter Weg von ihr zu einem Urteil, das Realität in Theorie zu übersetzen vermag, noch kann sie die Rolle einer dialektischen Vermittlerin zwischen den verschiedenen Lebensbereichen einnehmen. Vielmehr verläuft dieser Prozeß über Brüche, Kurzschlüsse, Verzögerungen und Umwege, zwischen der Überwältigung durch den »Schock« der Realität und der eschatologischen Verstiegenheit, absolute Anfänge setzen zu wollen. Wiederholt äußert sich Arendt über ihre persönliche Schwierigkeit, die verschiedenen Zeiten, als Denkerin, lehrende Professorin oder politisch eingreifende Schriftstellerin miteinander verknüpfen zu können. Je größer die Sensibilität für die Unterschiedlichkeit der Erfahrungen ist, desto schwieriger wird der Übergang von einem Bereich in den anderen. Unlösbar erscheint der Konflikt, wenn Erfahrungsfähigkeit zum Einfallstor von geschichtlichen Widersprüchen wird, deren Verwicklungen jede Entscheidung mit einer Aporie legieren. Gibt es Situationen, in denen man sich der Unmittelbarkeit und Dringlichkeit der Erfahrung entziehen muß?

Die Auseinandersetzung mit der deformation professionelle der Philosophen, ihrer latenten Bereitschaft, die eigene Dimension des Politischen zu verkennen und sie dem Diktat philosophischer Wahrheiten zu unterwerfen, war nach den Erfahrungen des Totalitarismus wie nie zuvor ein kritisches Erfordernis. Denn nun stand das Politische selbst auf dem Spiel. Der Totalitarismus bewirkte nicht – wie gängige Darstellungen behaupten – eine Überpolitisierung der Gesellschaft, sondern seine Zerstörung. Das Politische existiert nur so lange, wie es den Raum der Freiheit zwischen den Menschen gibt, der es ihnen möglich macht, sich wechselseitig als verschieden und gleich zu erfahren. Nur wer sich in Freiheit bewegen kann, ist fähig, Erfahrungen zu machen. In ihrer Analyse des Totalitarismus stellt Arendt eine strukturelle Affinität zwischen der totalitären Utopie des Einen Menschen und dem zwangsläufigen Schlußfolgern des logischen Deduzierens fest, die wirksam wird, wenn es auf die zwischenmenschlichen Beziehungen übertragen wird:

> »Der Zwang des totalen Terrors, der Menschen in Massen zusammenpreßt und so den Raum der Freiheit zwischen ihnen vernichtet, und der Zwang des logischen Deduzierens, der jeden einzelnen auf den durch Terror organisierten Marsch präpariert und ihn in die gehörige Bewegung versetzt, gehören zusammen, entsprechen und bedürfen einander, um die totalitäre Bewegung ständig in Bewegung zu halten. Der äußere Zwang des Terrors vernichtet mit der Zerstörung des Raums der Freiheit alle Beziehungen *zwischen* den Menschen; zusammengepreßt mit allen anderen ist ein jeder ganz und gar von allen anderen isoliert. Der innere Zwang des konsequent ideologischen Denkens sichert die-

> sem Zwang seine Wirksamkeit, indem er die also isolierten Individuen in einen permanenten, jederzeit übersehbaren, weil konsequent logischen Prozeß hineinreißt, in welchem ihnen jene Ruhe niemals gegönnt ist, in der sie allein der Wirklichkeit einer erfahrbaren Welt begegnen können.« (EuU 723)

Dieser Mangel an Realität und Erfahrungsfähigkeit, für die es alarmierende Symptome auch in den gegenwärtigen Demokratien gibt, hat Arendt dazu motiviert, ihre ganze geistige Energie zunächst auf die Arbeit der Rekonstruktion einer verlorengegangenen Erfahrung zu konzentrieren: auf die gelungenen geistigen und praktischen Erfindungen des Politischen in der Geschichte, die Polis und die amerikanische Unabhängigkeitsbewegung. In diesem Kontext hat sie dem das Handeln begleitenden Verstehen und Urteilen, der erweiterten Denkungsart, die größte Aufmerksamkeit zugewandt. Nach ihrer eigenen Darstellung wurde sie durch den Eichmannprozeß veranlaßt, eine Akzentverschiebung vorzunehmen. Sie stellte sich nun die Frage, ob nicht in politischen Krisen »das Denken auf(hört), eine marginale Sache zu sein«. Gerade die *Distanz* des Denkens gegenüber der Welt wurde interessant. Denn sie ist der Raum, in dem der homogenisierende Druck der Gesellschaft außerkraft gesetzt werden kann. Arendt versucht in ihre bisherige Topographie der Beziehungen von Nähe und Ferne eine Differenzierung einzubauen, welche den spezifischen Rhythmus von Erfahrung, Urteilen und Denken und die Möglichkeiten ihrer Verknüpfung adäquater zu erfassen vermag. Angesichts der Schnelligkeit, mit der politische Krisen eintreten können, erweisen sich Erfahrung und erweiterte Denkungsart als zu nahe an den Ereignissen, um sich dem Sog, den die gewohnten Verhaltensmuster und Kriterien der Beurteilung ausüben, entziehen zu können. Das Denken ist zwar ebensowenig in der Lage, die Vielschichtigkeit von Umbrüchen und die durch sie ausgelösten Folgen zu erkennen. Das ist erst aus der rückschauenden Perspektive des Historikers möglich, der Anfang und Ende der Geschichte überblickt. Aber was das Denken auszeichnet, ist die Fähigkeit, in die Kontinuität der Zeit einzugreifen. Denken vermag aus der Welt der gewohnten Vorstellungen herauszutreten, das gelebte Nahe von sich wegzurücken und das gedachte Ferne sich nahe zu bringen. Unter der Voraussetzung, daß jede andere Bewegung, des Alltags und des Handelns, ausgeschaltet ist, kann man sagen, daß das Denken schneller als die Erfahrung ist. Und diese Schnelligkeit ist eins mit dem Vermögen, die Zeit stillzustellen.

Damit tut sich ein neuer Weg auf, der keine Flucht sein soll, sondern einen Wechsel des Standorts bezeichnet. Die Welt muß anders gesehen werden, mit anderen Kategorien und anderen Mustern ihrer Zuordnung:

> »Das reinigende Element im Denken – die Hebammenkunst des Sokrates, die die Folgeerscheinungen ungeprüfter Meinungen hervorholt und sie, d.h. Werte, Doktrinen, Theorien und sogar Überzeugungen, zerstört – ist selbstverständlich politisch. Denn diese Zerstörung wirkt befreiend auf ein anderes menschliches Vermögen, das Urteilsvermögen, das man mit einiger Berechtigung die politischste geistige Fähigkeit des Menschen nennen kann.« (TM 36)

3.3 Die politische Theorie Kants – ein notwendiges Fragment

> »Was sich am Geschmack zeigt, ist, welche Art Menschen zusammengehören. Und dies Zusammengehören ist weder moralischer noch theoretischer Natur, es ist das einzige, worauf Verlaß ist.« (Hannah Arendt)

Hannah Arendts Werk *Das Urteilen* ist nicht mehr geschrieben worden. Ihre Kant-Vorlesung aus dem Jahr 1970 und zahlreiche Textpassagen, in denen sie auf den letzten Band ihres Werks *Vom Leben des Geistes* hinwies, bilden das Material von Versuchen, das ungeschriebene Buch zu rekonstruieren. Diese Versuche stimmen darin überein, daß sie Arendts Reflexionen über die Urteilskraft als einen Weg beschreiben, der zu einer Lösung führen sollte. Diese Deutung läßt sich durch zahlreiche Anmerkungen ihrerseits rechtfertigen. Dennoch muß sie von einem auffallenden Widerspruch abstrahieren.

Arendt hat mehrmals Kants *Kritik der Urteilskraft* als ihre bedeutendste Entdeckung für ihr Projekt der politischen Theorie hervorgehoben. Sie war sich ihrer Sache so sicher, daß sie diese Erörterung sehr schnell zu schreiben beanspruchte. Tatsächlich hat sie das Projekt aber immer wieder hinausgeschoben. Wie ihre langjährige Freundin Mary McCarthy berichtet, hat das Urteilen sie »überrascht« und in unvermutete Richtungen geführt.[13] Spuren dieses merkwürdigen Zögerns und der nicht voraussehbaren Erfahrungen müssen also in dem Raum zwischen dem vorgestellten Projekt und seiner bruchstückhaften Realisierung zu finden sein. Dieses Zögern wurzelt keineswegs in der Ungewöhnlichkeit des Vorhabens, aus der *Kritik der Urteilskraft* eine politische Theorie zu extrapolieren. Denn nach Arendts Auffassung eröffnete gerade das Unbearbeitete an Kants *Urteilskraft*, die noch nie auf ihre politische Dimension hin gelesen worden war, die Chance eines neuen Gedankenwegs. Was die Fachwelt an dieser Vorgehensweise beunruhigt – daß Arendt eine willkürliche Lektüre des Kant-Textes bietet –, stellt für sie ein Wagnis dar, das nach dem Traditionsbruch eingegangen werden mußte. Die irritierende Erfahrung, die das Projekt unvollendet ließ, muß also auf einer anderen Ebene liegen.

Wenn Arendt von Kant sagt, daß er sein großes Werk

über die politische Philosophie nicht geschrieben habe, so gilt dasselbe für sie. Das Desiderat und die fehlende Einlösung deuten auf eine Erfahrung, die sie in ihren Schriften immer wieder umkreist: daß das politische Denken durch die Unvorhersehbarkeit des Handelns notwendig fragmentarisch bleibt. Hatte sie nicht selbst in ihrem Buch über die Revolution gezeigt, daß der politische Raum in der Französischen Revolution durch die übermächtige Gewalt der sozialen Interessen zerstört worden war? Die amerikanische Revolution, in der die Konstituierung der verfassungsgebenden Macht keine Fiktion war und das Volk »nichts Absolutes«, »die Nation, die über den Gesetzen und allen weltlichen Autoritäten thront«, sondern eine gegenwärtige Realität darstellte, war ein Glücksfall in der Geschichte, ebenso wie die griechische Polis. Ihre Fragment gebliebene und erst 1993 veröffentlichte Einführung in die Politik trägt dem Rechnung, insofern der größte Teil der Darstellung davon handelt, was Politik *nicht* ist. Wenn der Glücksfall, das äußerst Unwahrscheinliche, den Fluchtpunkt der Theorie bildet, dann konnte die bei Kant extrapolierte politische Theorie nicht eine Lösung in dem Sinn einer Synthese bieten. Es gibt immer wieder Anmerkungen, in denen sie darauf hinweist, daß die politische Theorie im Scheitern und in den Katastrophen menschlichen Handelns auf eine Grenze stößt. Diese unaufhebbar tragische Dimension erfordert eine andere Sprache als die der politischen Theorie, die des Erzählens von Geschichte:

> »Sofern es überhaupt ein ›Bewältigen‹ der Vergangenheit gibt, besteht es in dem Nacherzählen dessen, was sich ereignet hat; aber auch dieses Nacherzählen, das Geschichte formt, löst keine Probleme und beschwichtigt kein Leiden, es bewältigt nichts endgültig. Vielmehr regt es ... zu immer wiederholendem Erzählen an ... Einen von diesen Geschichten ganz und gar ablösbaren Sinn gibt es nicht ... Keine Lebensweisheit, keine Analyse, kein Resultat, kein noch so tiefsinni-

ger Aphorismus kann es an Eindringlichkeit und Sinnfülle mit der recht erzählten Geschichte aufnehmen.« (MfZ 42 f.)

Den unvollendeten Text über die Urteilskraft lesen kann daher nicht heißen, die Gedankenfragmente durch Ergänzungen, Kombinationen oder Extrapolationen zu einer Konzeption auszubauen. Vielmehr muß das Zögern Arendts als Spur gelesen werden, die zu den notwendigen Lücken im politischen Gedankenraum führen.

Folgen wir zunächst dem Gedankengang Arendts von ihren ersten Überlegungen zum Verstehen im Zeichen des Traditionsbruchs, über ihre Erfahrungen beim Eichmannprozeß bis zu ihrem letzten philosophischen Werk *Vom Leben des Geistes,* worin sie die These vertritt, daß nur im wechselseitigen Aufeinander-Einwirken von Denken und Urteilskraft ein Standort außerhalb der homogenisierten Gesellschaft des Totalitarismus gewonnen werden kann: durch das Denken, das von Vorurteilen und Stereotypen befreit, und die Urteilskraft, die Konkretes zu erfassen vermag, ohne es unter allgemeine Regeln zu subsumieren und daher das politische Vermögen par excellence darstellt. Ronald Beiner hat diesen Gedankengang entlang ihrer Publikationen rekonstruiert, so daß wir uns hier auf ein Resümee beschränken können. Von Anfang an diskutiert Arendt die Frage des Verstehens und Urteilens vor dem Horizont des Traditionsbruchs, der irreversibel ist. Die Wege, die aus dieser Krise herausführen könnten, werden durch zwei Gedanken konturiert: durch die von Augustin übernommene anthropologische Idee, daß der Mensch die Fähigkeit hat anzufangen, eine Fähigkeit, die gerade in ihrer Unverfügbarkeit aus Situationen großer Ausweglosigkeit herausführen kann. Die Unverfügbarkeit des Anfangs macht jedoch auch seine Unbestimmbarkeit aus. Durch ihn kann nur ins Spiel gebracht werden, daß der Zusammenbruch der Orientierungsmuster und die anwachsende Sinnlosigkeit nicht automatisch und absolut Handlungsunfähigkeit zur Folge hat. Der zweite Gedanke befaßt sich mit dem Vermögen der Einbildungskraft. Angesichts verfestigter Normen und Gewohnheiten, deren Starrheit lange Zeit Gültigkeit vortäuschen konnte, bis der Totalitarismus die Hohlheit des moralischen Konsenses bewies, entdeckt Arendt ein geistiges Vermögen, das sich durch große Beweglichkeit auszeichnet:

> »Die Einbildungskraft allein befähigt uns, die Dinge in ihrer richtigen Perspektive zu sehen, das, was zu nah ist, in eine gewisse Entfernung zu stellen, so daß wir es ohne Voreingenommenheit und Vorurteil sehen und verstehen können; Abgründe der Ferne zu überbrücken, bis wir alles, was zu weit von uns weg ist, sehen und verstehen können, als ob es sich um unsere eigene Angelegenheit handelt. Dieses Entfernen der einen Dinge und das Überbrücken der Abgründe zu den anderen ist Teil des Verstehensdialogs.« (UaP 392)

Die Hinwendung zu Kants *Kritik der Urteilskraft,* die auch durch Jaspers' Kant-Kapitel in seinem 1957 veröffentlichten Buch *Die großen Philosophen* inspiriert worden ist (BWJ 354 f.), nicht zuletzt durch dessen »andere« Sichtweise, vermittelte ihrem Projekt endlich den Zeugen, der ihr bestätigte, daß ihr Anliegen nicht völlig aus der Luft gegriffen war:

> »Das Individuelle kann nur im Urteil getroffen oder verfehlt werden. Darum handelt es sich in der Politik, wo wir immer mit Situationen konfrontiert sind, für die es höchstens Präzedenzfälle, aber keine allgemeinen Regeln gibt ... In der bestimmenden Urteilskraft gehe ich von der Erfahrung des ›ich denke‹ und der also im Selbst gegebenen (a priorischen) Prinzipien, in der reflektierenden Urteilskraft von der Erfahrung der Welt in ihrer Besonderheit aus. Der Grund, warum Kant den Schritt vom a priori zum posteriori nicht vollziehen konnte, mag darin liegen, daß die Entdeckung der Urteilskraft das Schema a priori-a posteriori sprengt. Denn die Allgemeingültigkeit des Urteilens ist nicht a priori – läßt sich

> nicht aus dem Selbst herleiten –, sondern ist abhängig von dem Gemeinsinn, d.h. der Präsenz der anderen. Hiervon hatte Kant mehr als eine Ahnung, wenn er unter den ›Maximen des gesunden Menschenverstandes‹, also des Gemeinsinns, neben dem Selbstdenken und dem ›mit sich selbst einstimmig denken‹ setzt: ›An der Stelle jedes anderen denken‹. Damit fügt er dem Satz des Widerspruchs, der Einstimmigkeit mit sich selbst, den Satz von der Einstimmigkeit mit anderen hinzu – und das ist in der politischen Philosophie der größte Schritt seit Sokrates.“ (DT XXII 18 f.)

Nicht die Vernunft, sondern die Einbildungskraft ist »das Band zwischen den Menschen«. Damit war eine Denkmöglichkeit von Gemeinsamkeit eröffnet, die nicht auf Zwang, weder moralischem noch theoretischem, beruhte. Während die Einbildungskraft das Urteil von gängigen Vorstellungen befreit, erhebt das Urteil Anspruch auf eine »nicht notwendige und nicht universale Gültigkeit«, die »Einstimmigkeit zumutet, aber nicht erzwingt«. Beide stimmen darin überein, daß sie in sich pluralistisch sind. Bis zum Eichmannprozeß hat Arendt diese Gedankenkonstellation von Einbildungskraft, Urteilsvermögen und Handeln immer wieder ausgeschritten und – gemäß ihrer Überzeugung von dem gemeinschaftsstiftenden Vermögen des Geschmacks – mit soviel Anziehungskraft ausgestattet, wie ihr möglich war. Die überzeugendsten Passagen sind ihr in *Vita activa* und *Über die Revolution* gelungen. Durch die Einfügung des Denkens kommt nun in diese Konzeption Bewegung, so daß alles wieder offen ist. Beiner hat diese Akzentverschiebungen zur These von den zwei Perioden im Denken Arendts zusammengefaßt: einer ersten, in der die Betonung auf dem »repräsentativen Denken politisch Handelnder« liegt, und einer zweiten, in der mit dem Urteilen das Denken verknüpft wird, das »keine politische Bedeutung hat, außer wenn bestimmte Ausnahmesituationen eintreten«.[14] Zugleich wertet er diese Veränderung als eine Rückkehr von der vita activa zur vita contemplativa. Diese Interpretation erscheint folgerichtig, wenn man sie in den Rahmen der traditionellen philosophischen Einteilungen und Hierarchien einordnet. Arendt war sich zwar darüber im klaren, daß die von der Tradition vorgegebenen Kategorien und Wertungen nicht einfach beiseite geschoben werden können. Allein die Verwendung der Begriffe vita activa und contemplativa beinhaltete die Festschreibung ihrer Bedeutungen. Dennoch sind die Veränderungen und Verschiebungen, die sie versucht, nicht gegenstandslos.

> »An der vita activa interessierte mich dies, daß die entgegengesetzte Vorstellung der vollkommenen Ruhe in der vita contemplativa so viel gewichtiger war, daß im Vergleich zu ihr alle sonstigen Unterschiede zwischen den einzelnen Tätigkeiten der vita activa bedeutungslos wurden. Im Vergleich zu dieser Ruhe spielte es keine Rolle mehr, ob man den Boden bearbeitete oder Gebrauchsgüter herstellte oder mit anderen in bestimmten Unternehmungen zusammenarbeitete. Selbst Marx, in dessen Werk und Denken die Frage des Handelns eine so entscheidende Rolle spielte, gebraucht den Ausdruck ›Praxis‹ einfach im Sinne von ›was der Mensch tut‹ im Unterschied zu ›was der Mensch denkt‹. Doch es war mir klar, daß man diese Sache auch völlig anders betrachten konnte, und um meine Zweifel kundzugeben, beendete ich diese Untersuchung des tätigen Lebens mit einem merkwürdigen Satz, den Cicero Cato zuschreibt: ›Nie ist der Mensch tätiger, als wenn er nichts tut, und nie ist er weniger allein, als wenn er für sich allein ist‹.« (LdG I 17)

Die Metapher der Lücke, die Arendt verwendet, um den Ort des denkenden Ichs zu bezeichnen, läßt sich auf ihr Denkmodell übertragen. Es gibt keine andere Möglichkeit als die, sich auf die Tradition zu beziehen. Aber durch Verschiebungen und Abbrüche philosophischer Gedanken, durch die experimentierende Auslotung der Effekte, welche die Wirkung des bisher Ungedachten und Verborgenen auf sie haben, bilden sich Zwischenzonen aus, die ein vielfältiges Grenzgängertum ermöglichen. Wenn man die Auffassung teilt, daß Arendts Eigenart des Denkens im Zeichen des Traditionsbruchs steht, dann erscheint es nicht sinnvoll, sie an Traditionen zurückzubinden, die Bestandteil einer unbefragten Welt waren. Es soll daher auch nicht Beiners Vorschlag gefolgt werden, die verloren gegangene praktische Dimension in Hannah Arendts Kant-Lektüren durch die Wiederaufnahme der aristotelischen *phronēsis* zurückzugewinnen. Vielmehr sind die Erfahrungen zu befragen, die sie bei der Vervielfältigung der Bedeutungen von Kants *Urteilskraft* für eine politische Theorie gemacht hat.

Der Einbruch des Denkens in Hannah Arendts Entwurf des Urteilens und Handelns, das mit Aristoteles' *phronēsis* derart übereinzustimmen schien, daß man sie als altmodische Theoretikerin abtun konnte, stellt zweifelsfrei die größere Beunruhigung dar. Denn nun gerieten die philosophischen Einteilungen vollends durcheinander. Was zuvor noch in das Fach praktische Philosophie einsortiert werden konnte, hatte jetzt eine nicht mehr eingrenzbare Gestalt angenommen. Eine Freiheit der Reflexion, die durch keine akademischen Rücksichten mehr eingeschränkt ist und den Grenzen der verschiedenen Diskurse nicht genügend Beachtung schenkt, gerät jedoch leicht in Versuchung, die Verbindungen zu direkt zu knüpfen und die Komplexität zu überspringen. Das Ergebnis erscheint zu einfach und zu trivial. In Arendts Worten könnte man sagen: das denkende Ich hat nicht genug Intensität aufgewandt, um die es bedrängenden Kräfte von Vergangenheit und Zukunft von sich fern zu halten, es ist zu schnell weitergegangen und hat sich »von der nächsten Wirkung (des) Gedankens, die immer eine Mißwirkung ist, bestimmen lassen«. (DT XXVI 57)

In den beiden fertiggestellten Teilen vom *Leben des Geistes,* über das Denken und das Wollen, fällt ein durchgehender Grundzug auf. Der Gedankengang, der entlang der

Aporien und Widersprüche des philosophischen Denkens die metaphysischen Irrtümer auflösen soll und allein darin seinen Sinn hat, eilt dennoch auf ein Ziel zu: auf die Urteilskraft. Denn die eingangs gestellte Frage, ob es vielleicht das Denken sei, das in letzter Instanz das Böse verhindern kann, ist nicht beantwortet worden. Arendt hat sich in ihrer Erörterung darauf konzentriert, Beispiele und Zitate zu vergegenwärtigen, welche die eigentümliche Fähigkeit des Denkens in überzeugender Weise vorstellen können. Sie hat Zitate wie »Freunde« um sich versammelt, um ihren Gedanken stark zu machen. Aber einen Beweis können auch sie nicht liefern. Die das Denken auszeichnende End- und Ziellosigkeit schließt aber auch aus, daß das zusammengetragene Gedankenmaterial in der Weise produktiv gemacht wird, daß es angewendet wird. In ihrer Konzeption gibt es keinen Übergang zwischen den verschiedenen Bereichen der Realität, sondern nur Bruch und Beginn. Kein Zufall ist es daher, daß sie am Schluß ihrer Darstellung diesen Bruch ganz bewußt setzt: mit Kafkas und Nietzsches Parabeln über den Kampf des denkenden Ichs gegen das unerbittliche Weiterströmen der linearen Zeit. Ebenso endet ihr Buch über den Willen. Die aporetische Struktur des Willens verschließt sich jeder Möglichkeit einer immanenten Lösung. Auf der Ebene der absoluten Spontaneität und Kontingenz von Freiheit, die den Willen charakterisiert, bleibt das Für und Wider in der Schwebe. Nicht nur Philosophen sind daher vor dem »Abgrund« der Freiheit zurückgeschreckt, indem sie den Willen entweder nicht beachteten oder negativ bewerteten. Auch die politisch Handelnden haben durch willkürliche historische Legitimationen die Absolutheit und Unwägbarkeit des Anfangens zu relativieren versucht:

> »Der Abgrund der reinen Spontaneität, der in den Gründungslegenden durch den hiatus zwischen Befreiung und Schaffung der Freiheit überbrückt wird, wurde durch den

> Kunstgriff verdeckt, das *Neue* als verbesserte Neuauflage des Alten zu begreifen – was typisch für die abendländische Tradition ist, die einzige, in der die Freiheit stets die raison d'être aller Politik gewesen ist. In ihrer ursprünglichen Integrität lebte die Freiheit in der politischen Theorie – d.h. der Theorie, die dem politischen Handeln dienen soll – lediglich in utopischen und grundlosen Versprechen eines endgültigen ›Reiches der Freiheit‹ fort, das, mindestens in seiner marxistischen Form, in der Tat ›das Ende aller Dinge‹ bedeuten würde, ein ewiger Friede, in dem alle spezifisch menschlichen Tätigkeiten zum Erliegen kämen.« (LdG II 206)

Die einzige Philosophie, in der eine uneingeschränkt positive Zustimmung zum Anfangen formuliert wird, ist die von Augustinus. Sein Prinzip der Natalität, das Arendt in *Vita activa* noch als unverlierbaren Grund menschlicher Handlungsfähigkeit charakterisiert hatte, wird nun als »dunkel« bezeichnet. Denn es scheint nichts anderes zu besagen, als daß wir »zur Freiheit *verurteilt* (sind), indem wir geboren (werden), ob wir nun die Freiheit lieben oder ihre Willkür verabscheuen, ob sie uns ›paßt‹ oder wir uns lieber ihrer furchtbaren Verantwortung entziehen, indem wir uns einer Form des Fatalismus zuwenden«. (Ebd. 207)

Beide Darstellungen enden also in einer Sackgasse, während die Abhandlung über das Urteilen, auf die alles wie auf eine Lösung zustrebt, nicht geschrieben wird. Diese Anhäufung von Vergeblichkeiten und Brüchen erscheint signifikant. Die Erfahrungen im Umgang mit dem Traditionsbruch wirken so destruierend, daß sich die Aspekte der Ermöglichung einer Lösung weiter und weiter teilen. Nach dem Denken und Wollen, dem auflösenden und aporetischen Vermögen des Geistes, wird das Urteilsvermögen zu der Fähigkeit, auf welche die Hoffnung projiziert wird, den »toten Punkt« zu überwinden. Wie Beiner dargestellt hat, gibt es eine strukturelle Affinität zwischen Arendts Gedankenexperiment, soweit es sich auf das Denken und Wollen bezieht, und dem Nietzsches von der ewigen Wiederkehr. Arendts Übernahme der Torweg-Parabel aus dem *Zarathustra* zeigt das explizit. Beiden geht es in diesem Experiment um die Rettung der Sinnhaftigkeit des Augenblicks gegen den Zwang des Fortschritts und seine Negation des Individuellen, das laut Hegel nur ein leeres Blatt in dem geschriebenen Buch der menschlichen Gattung sein kann. Nietzsche gelingt es nicht, einen Ausweg aus dem Widerspruch zwischen der Forderung nach Entscheidung und der Idee der ewigen Wiederkehr zu finden, welche die Anerkennung der Dinge, wie sie sind, bedeutet und die Vorstellung vom Handelnkönnen auflöst. Arendt, die nicht nur Nietzsche, sondern auch Kafka zitiert, findet in Kafkas paradoxer Haltung, daß das Gelingen die Gewißheit des Scheiterns voraussetzt, eine Denkmöglichkeit, die zu einem neuen Anfang ermutigt. Durch welche Eigenschaften zeichnet sich nun Kants Urteilsvermögen aus, so daß ihm an dieser Stelle die Erwartung einer Alternative übertragen wird?

Im Gegensatz zum Willen, der angesichts der »furchterregenden Verantwortung« der Freiheit aus seiner Zerrissenheit in Wollen und Nicht-wollen keinen Ausweg findet, hat das Urteilsvermögen Gefallen an der Besonderheit und Zufälligkeit der Ereignisse. Die Erscheinungen der Welt sind sein Element. Alle Eigenschaften, die Arendt Kants Text entnimmt, bestätigen die eingeschlagene Richtung. Denn das Urteilsvermögen vermag so ziemlich alles, was sie von einem Weltsinn erwartet: Das Urteil ist notwendig pluralistisch, weil sein Gegenstand immer das Partikulare ist; es erhebt Anspruch auf Gültigkeit, ohne zu zwingen; es äußert Zustimmung oder Ablehnung jenseits privater und sozialer Interessen (Kants interesseloses Wohlgefallen); es ist vorrangig auf Mitteilung orientiert, weil die von ihm angestrebte Allgemeingültigkeit weder durch Begriffe noch durch empirische Meinungsumfragen legitimiert wird. Wenn wir urteilen, sagen wir, in welcher Welt wir leben wollen, und wir sagen dies in Beispielen. Fülle und Differenz sind daher dem Urteilen inhärent. Die Eigenschaften des Besonderen können in Erscheinung treten, ohne daß sie dem Allgemeinen untergeordnet werden. Die »politische Ahnungslosigkeit« Kants zeigt sich für Arendt nun darin, daß er das Urteilsvermögen ausschließlich als ästhetisches auffaßt. Zwar gibt es Gemeinsamkeiten zwischen den ästhetischen und politischen Erscheinungen, die aus ihrem spezifischen Phänomenencharakter resultieren. Beide konstituieren Welt, indem sie ihr Schönheit und Dauer vermitteln. In beiden Bereichen manifestiert sich Freiheit nicht in der Erkenntnis, sondern im Urteilen: »Im Kulturellen und im Politischen, also in dem gesamten Bereich des öffentlichen Lebens, geht es weder um Erkenntnis noch um Wahrheit, sondern um Urteilen und Entscheiden, um das urteilende Begutachten und Bereden der gemeinsamen Welt und die Entscheidung darüber, wie sie weiterhin aussehen und auf welche Art und Weise in ihr gehandelt werden soll.« (KuP 1143 f.)

Die Differenz zwischen ästhetischem und politischem Urteil kommt durch das Handeln ins Spiel, durch seine rein intersubjektive Struktur. Die damit einhergehende Unwägbarkeit sprengt den Rahmen einer »sinnlichen Intersubjektivität«.[15] Die Arbeit des politischen Urteilens ist ein komplizierter Übersetzungsprozeß, der gerade vermeiden muß, was sich bei Plato aus der Übereinstimmung von Wahrheit und Schönheit ergibt: Evidenz. Zwar bezieht sich das Urteil auf Ereignisse und Tatsachen, die wir nicht ändern können. Aber die der politischen Wahrheit zugrunde liegende Objektivität hätte auch anders sein können. Hier wird eine Differenz manifest, die sich aus der Distanz des Urteilenden gegenüber dem Geschehenen ergibt. Eine weitere Differenz resultiert daraus, daß das Urteilen es mit Vergangenem zu tun hat. Das heißt es vergegenwärtigt Abwesendes. Die Geschichte, in der sich das Urteil manifestiert, war jedoch als solche nie präsent. Erst durch die Reflexion werden die verschiedenen Ereignisse zu einer Geschichte verknüpft und dadurch wahrnehmbar. Nur durch Erinnerung der Ereignisse und ihre sprachliche Transformation werden sie *wirklich.* Doch andererseits gilt ebenso: Das Gedachte ist nicht *mehr* wirklich. Der Prozeß des Urteilens ist aufgrund der Unendlichkeit realer Kontexte prinzipiell unabschließbar. Wann dieser Prozeß angehalten wird, ist wiederum ein Akt der Wahl. Die Willkür des Einschnitts wird jedoch dadurch relativiert, daß sie sich der Diskussion stellen muß. Das Urteil läßt sich also mit einer allen Menschen gemeinsamen Verläßlichkeit verbinden, die nicht mehr in den durch Tradition autorisierten Werten und Normen gründet, sondern in Erfahrungen des Urteilens in der Öffentlichkeit.

An diesem Punkt angelangt, scheint es, als hätte der Fortgang ihrer Argumentation Hannah Arendt wiederum an den Ausgangspunkt zurückgeführt. Denn die Suche nach einer Lösung begann mit der Feststellung zunehmender Unfähigkeit in der Moderne, individuelle Urteile zu fällen und den Horizont der eigenen Vorstellungen infragezustellen. Auch für diese Erfahrung läßt sich bei Kant ein Kommentar finden: Urteilen sei ein ermüdendes und melancholisches Geschäft. Im Unterschied zu Kant, der sich schließlich mit der Sinnhaftigkeit der Gattungsgeschichte tröstet, bedeutet für Arendt die Rückkehr an den Ausgangspunkt keinen Zirkelschluß. Nur für eine evolutionäre Auffassung vom Denken, das am Ziel die Wahrheit zu ergreifen hofft, kommen Abbruch und Neubeginn einem Scheitern gleich. In der Fähigkeit zur Rückkehr zeigt sich für sie dagegen die Realitätshaftigkeit eines Gedankens. Das Urteilsvermögen muß dieser Prüfung standhalten. Denn es ist in der Lage, sich von vielfältigen Orten aus auf die Realität zuzubewegen, es kann sich in der Nähe und Ferne aufhalten, sich mit dem Handeln verknüpfen oder sich in die Distanz des Zuschauers begeben. Diese Beweglichkeit korrespondiert mit seiner Affinität für das Konkrete und Partielle. Nur aufgrund der Anerkennung des Partikularen, die zugleich die Anerkennung menschlicher Endlichkeit bedeutet, gibt es immer die Wahl zwischen den Glücksfällen der Geschichte und ihrem trostlosen Ungefähr. Ließe sich der Blick des Urteils durch das Ganze fesseln, würde es in Kants Melancholie enden.

In der Möglichkeit zu wählen, steckt für Arendt eine größere Chance als in allen Konzeptionen, die Kontingenz durch die Reduktion auf ein Allgemeines zu minimieren suchen, sei es auf der Basis von Gewohnheiten, von transzendentalen oder metaphysischen Prinzipien. Dennoch gibt es eine Schwierigkeit, Arendts Haltung zu akzeptieren. Sie besteht darin, daß uns ihre Auffassung vom Urteilen in eine permanente Ausnahmesituation zu versetzen scheint. In normalen Zeiten, in denen wir uns an Gewohnheiten orientieren können und für intellektuelle Experimente viel Spielraum vorhanden ist, wirkt die Suche nach evolutionären Formen der Verknüpfung der gewohnten Lebenswelt mit den Werten der Freiheit und Gerechtigkeit überzeugend. Kein außergewöhnliches Hindernis stört die Übergänge von einem Bereich in den anderen, sowohl auf theoretischer als auch auf praktischer Ebene. Erst wenn diese Welt nicht mehr funktioniert, zeigt sich, daß das, was sich in ruhigen Zeiten entwickeln konnte, etwas anderes ist als das, was die unruhigen Zeiten an Geistesgegenwart und Realitätssinn erfordern. Auch diejenigen, die sich für die öffentliche Institutionalisierung positiver Werte wie Gerechtigkeit, Toleranz und Erinnerungsfähigkeit eingesetzt haben, bieten keine Gewähr für die Fähigkeit, richtige Entscheidungen zu treffen, wenn unerwartete gesellschaftliche Veränderungen eintreten. Die Gefahr, daß auch sie nur mit Geländer zu denken imstande sind, ist nicht auszuschließen. Wenn daher Arendts Einsicht zugestimmt werden kann, daß sich nur ein »unabhängiges, von Gesetz und öffentlicher Meinung nicht gestütztes menschliches Vermögen, das über jede Tat und Absicht aufs neue mit ungebrochener Spontaneität urteilt«, gegenüber der Realität und ihren Veränderungen offen zu halten vermag, so bleibt doch der Einwand berechtigt, daß nur wenige hierzu bereit und fähig sind. Der Elitismus ist ein ständiger Vorbehalt gegenüber Arendt. Aber damit wird nur ein Widerspruch ausgesprochen, der sich durch die Geschichte des philosophischen und politischen Denkens zieht und von Nietzsche noch einmal auf den Punkt gebracht worden ist: »Alle Staaten sind schlecht eingerichtet, bei denen noch andere als die Staatsmänner sich um Politik kümmern müssen, und sie verdienen es, an diesen vielen Politikern zugrunde zu gehen.«[16]

Hannah Arendt hat diesen Widerspruch nicht geleugnet, Nietzsches Schlußfolgerung aber gleichwohl verworfen. Sie ist vielmehr eine Strecke weit mit diesem Widerspruch mitgegangen. Es besteht nämlich die Gefahr, daß die wenigen, die bereit sind, zu urteilen, es verlernen und dadurch die Wüste vergrößern. Diejenigen, die sich ihre Unabhängigkeit bewahrt haben, urteilen dennoch nicht *souverän,* im Sinne von Carl Schmitts »absoluter Reinheit« der Dezision.[17] Zwar bieten die Normen und Werte der Tradition dem Urteil keine Orientierung mehr. Dennoch entsteht es nicht aus dem Nichts. Es bewegt sich zwischen den Polen der Erfahrung und der verborgenen Tradition. Beide verknüpfen das Urteil mit anderen Realitäten. Das Urteil ist weder ein reiner Erfahrungswert, noch findet es in der verborgenen Tradition das verloren gegangene Geländer wieder. Wesentlich ist seine Beweglichkeit. Ist sie gewährleistet, indem jede Versuchung vorgängiger Gewißheit zurückgewiesen wird, können Erfahrungen mit alten Gedanken in eine überraschende Korrespondenz gebracht werden. Statt einer schlüssigen Theorie des politischen Urteilens bietet Arendt eine offene Gedankenfiguration an, in der sich Beweglichkeit und Rückkehr zum Gleichgewicht abwechseln. Nicht das starre oder flexible Festhalten an Werten und Normen der Vergangenheit, sondern die *Bewegungsfreiheit* ist der Wert, den

Arendt der Bewegungssüchtigkeit der Moderne und ihrem ideologischen Apriori, Fortschrittsgläubigkeit und Apokalypse, entgegensetzt. Ihre Topographie, in der sie nicht hierarchisiert und deduziert, sondern teilt und Brücken schlägt, eignet sich nicht für einen Streit um theoretische Einordnungen. In ihrem Verständnis markiert eine neue Spur nicht das Ende eines vorherigen Gedankens, sondern den Anfang eines anderen, eine weitere Teilung, und somit ist es müßig, darüber zu spekulieren, ob sie sich am Schluß ihrer Reflexionen über das Urteilen in eine endgültige Distanz zum Handeln begab.

3.4 Einer wird immer bleiben, die Geschichte zu erzählen

»Je älter ein Wort ist, desto tiefer reicht es.« (Wittgenstein)

»Die griechische Polis wird solange am Grunde unserer politischen Existenz, auf dem Meeresgrunde also, weiter da sein, als wir das Wort ›Politik‹ im Munde führen.« (WB 60) Die Rettung des Politischen, der Welt, in der Freiheit und Pluralität einen Raum haben, hat Hannah Arendt angesichts beschleunigter Fehlentwicklungen als das Unwahrscheinliche angesehen. Letztlich hängt alles von der Sprache ab. Denn Sprache ist das Archiv des Gedächtnisses. Doch an welche Welt wendet sich das Wort »Polis«? Erinnert es nicht allein an den Ursprung der abendländischen Geschichte? »Der Anfang der Geschichte ist alles andere als ›National‹geschichte«, schreibt Arendt in ihr Denktagebuch. Mit der Polis sollte etwas entstehen, was jenseits vom eigenen Interesse Dauer verbürgt. »Es ist im Gegenteil die Fähigkeit, überall Größe zu sehen und zu verstehen und neugierig zu sein für *andere* Schicksale.« (DT XVIII 21) Es bleibt schwierig, sich vorzustellen, daß sich ein historisch an Zeit und Ort gebundenes Ereignis auf die ganze Menschheit beziehen soll. Dennoch behauptet Hannah Arendt genau das. Politik, verstanden als Freiheit und Pluralität, beginnt von dem Augenblick an, wo »wir wissen, daß wir ja zur Menschheit sagen können«.

Die Realität in ihrer allumfassenden Pluralität »wiegt schwer« (Emmanuel Lévinas). Jeder Anfang versucht, der Realität etwas von ihrer Schwere zu nehmen, sie leicht zu machen. Er befreit sich vom Gewicht der Welt. Dies geschieht auch durch gewaltsame Abstraktion von allen denjenigen, die an diesem Anfang nicht mitwirken. In der griechischen Polis waren es die Sklaven, bei der Gründung der amerikanischen Republik die Schwarzen und Indianer. Heute zeigt sich diese Diskrepanz darin, daß die demokratischen Gesellschaften eine Minderheit in der Welt darstellen. In den universalistischen Anspruch von Demokratie sind auf prekäre Weise Tendenzen von Abstraktion, Ausgrenzung und Hegemonie eingeschrieben. Dieser Widerspruch scheint unaufhebbar mit der Realität von Pluralität und Anfangen verbunden. Nur wenn Zufälligkeit und Partialität gegenwärtig gehalten werden, kann der Anfang die Schwere inkommensurabler Differenz abstreifen und zugleich zu ihr zurückkehren, indem er einen Austausch von Differenz und Universalismus eröffnet. Die Chance der Demokratie in diesem Wechselspiel von partikularem Anfangen, Asymmetrie und Rückkehr zu einem Gleichgewicht liegt nicht in der Fixierung des bestmöglichen Modells, sondern in der Schaffung von Bedingungen, welche die größte Bewegungsfreiheit ermöglichen. Die Beziehung von Gleichheit und Differenz, Universalismus und Abweichung entwickelt sich umso eher zu einem dauerhaften Gleichgewicht, je beweglicher sie in sich ist. Jede moralische Norm gefährdet den Ausgleich, weil sie die Bewegungsfreiheit einschränkt. Denn die Unterschiede zwischen Politik und Moral betonen bedeutet auch, die Denk- und Handlungsmöglichkeiten zu vervielfältigen. Hierauf beziehen sich Arendts theoretische Bemühungen, die im abendländischen Denken enge Verflechtung von politischem und moralischem Diskurs aufzulösen und ihnen jeweils ihre Eigenart zurückzugeben. Werden die Räume, in denen sich diese Unterschiede zeigen können, immer weniger, dann tritt in diese Leere das Verlangen nach moralischer Sicherheit oder nationalem Zwang, um schließlich nur noch in der Ununterscheidbarkeit eine Heimat zu finden. Es ist ein Kennzeichen des Denkens von Arendt, daß sie in der Frage der Pluralität Kompromissen keine pragmatische Lösungsfunktion zuerkannt hat. Pluralität ist das Gesetz der Erde. Jedes Konzept, das sich von einer kulturellen oder ethnischen Homogenisierung Stabilität erhofft, bedeutet in einer integrierten Gesellschaft eine Verschiebung und Zuspitzung der Widersprüche auf anderen Ebenen. Der Gefahr, daß demokratische Gesellschaften an einem wuchernden Pluralismus zerbrechen, ist nicht dadurch entgegenzuwirken, daß die gemeinsame Welt wiederum einem Konzept anvertraut wird, das mit Metaphern des Organischen und Natürlichen arbeitet. Alle Konzeptionen von Gemeinschaft, die sich auf nicht hinterfragbare Entitäten berufen, sind Diskurse mit einer eigenen Dynamik und können nicht als Hilfskonstruktionen das zerbrechliche Gefüge der Demokratie stützen. Auch in Krisen, in denen alle Auswege verbaut zu sein scheinen, kommt der Fähigkeit, die Unterschiede treffen zu können, die größere und am wenigsten ideologische Möglichkeit zu, doch noch einen zu finden.

Dennoch birgt Arendts kluge und vorurteilsfreie Phänomenologie ein Vergessen, das mit der *Sichtbarkeit* von Welt zusammenhängt. Sie selbst äußert sich beunruhigt über den »unangefochtenen Vorrang des Sehens für die geistige Tätigkeit«, der in der »gesamten Geschichte der abendländischen Metaphysik und ihrer Vorstellung von der Wahrheit absolut entscheidend« ist (LdG I 106). In ihren Reflexionen über das

Denken, das mit keiner Metapher, weder der des Sehens noch des Hörens, bezeichnet werden kann, kommt sie zu dem Schluß, daß es in der Welt der Erscheinungen für das Denken keine Heimat gibt. Doch unabhängig davon erfordert die pluralistische Existenz der Menschen, daß alles, was erfahren und gedacht wird, mitgeteilt werden muß, wenn es für die Welt von Bedeutung sein soll. Zwischen dem Sichtbaren und dem Unsichtbaren klafft eine unaufhebbare Differenz, welche die Frage unabweisbar macht, wie die »Mitte« zwischen Erinnern und Vergessen offen gehalten werden kann. Wenn Pluralität Sichtbarsein durch Sprache erfordert, ist sie umgekehrt Bedingung dafür, daß Vergessen nicht endgültig wird. Der Gefahr, daß das Sichtbare sich zur opaken Gegenständlichkeit verdichtet, so daß das Offensichtliche sich als alleinige Wahrheit behaupten kann, begegnet sie nicht mit einem Rückgang hinter die Erscheinungswelt, sondern mit der niemals abschließbaren Entfaltung der Phänomene: »Einer wird immer bleiben, die Geschichte zu erzählen.« (EJ 278) Dieses Erzählen hat Arendt als eine visuelle Montage auseinandergefaltet, indem sie wie der Zitaten-Sammler Benjamin die Phänomene weniger erklärt als vielmehr offenbart. Brüche und Lücken zeigen sich an den äußeren Rändern der Fragmente, die sie zusammenfügt. Das unterscheidet sie von einer dekonstruktiven Lektüre, welche der Verdoppelung des Textes in seinem Innern nachgeht. Arendt beschreibt eine vielfach strukturierte Oberfläche, die ihrem Wunsch, sich im Raum zwischen den Phänomenen zu bewegen, entspricht. Äußere Aufmerksamkeit ist das Kennzeichen ihres Stils und der Grund für so viele Mißverständnisse ihres Engagements. Der Vorwurf der intellektuellen Kälte, der sich vor allem an ihrem Bericht über die Banalität des Bösen vehement entlud[18], läßt die merkwürdige Fremdheit ihres Denkens klar hervortreten. Die einzig angemessene Reaktion auf den Schock der totalitären Verbrechen war für Arendt nicht das Mit-Leid, sondern die Mit-Teilung:

»Wie man ohne dieses Zum-Wort-werden den Schock der Wirklichkeit nicht aushalten könnte.« (DT II 39) Die Übersetzung des Geschehenen in Sprache ist jedoch nicht mit Bewältigen identisch. Das Unaussprechliche bleibt unverfügbar. Keine noch so dunkle Sprache kann die extreme Verlassenheit und den Schmerz in das Miteinandersprechen zurückholen. Arendt setzt auch hier einen Einschnitt:

> »Die Berichte der Überlebenden von Konzentrations- und Vernichtungslagern sind außerordentlich zahlreich und von auffallender Monotonie. Je echter diese Zeugnisse sind, desto kommunikationsloser sind sie, desto klagloser berichten sie, was sich menschlicher Fassungskraft und menschlicher Erfahrung entzieht. Sie lassen den Leser kalt, stoßen ihn, wenn er sich ihnen wirklich überläßt, in das gleiche apathische Nicht-mehr-Begreifen, in dem sich der Berichterstatter bewegt, und sie lösen fast niemals jene Leidenschaften des empörten Mitleidens aus, durch die von jeher Menschen für die Gerechtigkeit mobilisiert wurden.« (EuU 677)

Es mag wohl sein, daß die Zurückhaltung, die Arendt fordert, der Realität des Schlimmsten, das Menschen angetan wurde, mehr Respekt entgegenbringt als die Versuche, welche Sprache auf das Unfaßbare projizieren. Die Frage, ob wir uns je mit dem Geschehenen abfinden können, hat Hannah Arendt offen gelassen.

Anmerkungen

1 Franz Kafka, »Fürsprecher«. In: *Er. Prosa von Franz Kafka.* Auswahl und Nachwort von Martin Walser, Frankfurt/M. 1965, S. 47.

2 Hannah Arendt an Dolf Sternberger, 26. August 1949, Literaturarchiv Marbach.

3 Martin Heidegger, *Sein und Zeit,* Tübingen 1979, S. 167.

4 Herbert A. Strauss, »Akkulturation als Schicksal«. In: *Juden und Judentum in der Literatur,* München 1985, S. 18.

5 Hannah Arendt an Underwood, Houghton Mifflin, 24. September 1946, zit. nach Elisabeth Young-Bruehl, *Hannah Arendt. Leben und Werk,* Frankfurt/M. 1986, S. 287.

6 Harold Bloom, »Kafka. Unbestimmter Wohnsitz«. In: *Kafka, Freud, Scholem,* Frankfurt/M. 1990, S. 7 ff.

7 Vgl. dazu Richard Rorty, *Kontingenz, Ironie und Solidarität,* Frankfurt/M. 1989.

8 Die folgende Stellungnahme Margaret Canovans kann als repräsentativ gelten: »Eine dieser offensichtlichen Eigenschaften ihres Werks ist seine seltsame Selbstzufriedenheit. Bei all ihrer Achtung für Jaspers Betonung der Kommunikation, trotz ihres Lobs auf Kants erweiterte Denkungsart und in starkem Kontrast zu Lessings öffentlichem Streitgespräch führte sie selbst in ihrem veröffentlichten Werk im allgemeinen mit niemand anderem einen Dialog als mit sich selbst.« (»Socrates or Heidegger? Hannah Arendts Reflections on Philosophy and Politics«. In: *Social Research,* No. 1, Spring 1990).

9 Hannah Arendt an Underwodd (Anm. 5), S. 286.

10 Hannah Arendt an O'Grady, 18. Juli 1975, zit. nach E. Young-Bruehl (Anm. 5), S. 516.

11 Dolf Sternberger, »Die versunkene Stadt – Über Hannah Arendts Idee der Politik«. In: *Hannah Arendt. Materialien zu ihrem Werk.* Hg. A. Reif, Wien 1979, S. 109 ff.

12 Seila Benhabib, »Hannah Arendt und die erlösende Kraft des Erzählens«. In: *Zivilisationsbruch. Denken nach Auschwitz.* Hg. Dan Diner, Frankfurt/M. 1988, S. 150 ff.

13 Zit. nach Ronald Beiner, »Hannah Arendt über das Urteilen«. In: Hannah Arendt, *Das Urteilen. Texte zu Kants politischer Philosophie,* München 1982, S. 121.

14 Beiner (Anm. 13), S. 140.

15 Hauke Brunkhorst macht Arendt den Vorwurf, ihr Konzept bleibe »in dem Rahmen einer vermögenspsychologischen Subjektphilosophie« stehen und reduziere deshalb das Urteilen auf einen »sinnlichen Begriff von Intersubjektivität qua Anschauung.« (»Gemeinsinn und Gerechtigkeit. Hannah Arendts politische Transformation der ästhetischen Urteilskraft«. In: *Babylon,* H. 9, 1991).

16 Friedrich Nietzsche, »Schopenhauer als Erzieher«. In: Werke in drei Bänden. Hg. Karl Schlechta, München/Wien 1966, Bd. 1, S. 349.

17 Carl Schmitt, *Politische Theologie,* München/Leipzig 1934, S. 18 f.

18 Vgl. dazu F.A. Krummacher (Hg.), *Die Kontroverse. Hannah Arendt, Eichmann und die Juden,* Frankfurt/M. 1964.

Literatur

In den letzten zehn Jahren hat das Interesse an Hannah Arendt sprunghaft zugenommen. Entsprechend ist die Literatur angewachsen. Allerdings ist diese Fülle nicht mit steigender Qualität gleichzusetzen. Der Wunsch, Hannah Arendt gerecht zu beurteilen, hat teilweise zur Herausbildung eines referatmäßigen Stils geführt, der zur Apologetik neigt. Deshalb können einige der früheren Kontroversen, auch wenn sie stellenweise durch Ignoranz und persönliche Polemik geprägt sind, keineswegs als überholt angesehen werden.

In der folgenden Auswahlbibliographie wird Literatur vorgestellt, die einerseits einen Einblick in die Verschiedenheit der Interpretationen von Arendts Werk vermittelt, andererseits Fragestellungen behandelt, die in dieser Einführung eine Rolle spielen. Für darüber hinausgehende Literaturhinweise sei auf die ausführlichen Bibliographien in folgenden Monographien hingewiesen: Wolfgang Heuer, *Hannah Arendt. Mit Selbstzeugnissen und Bilddokumenten*, Reinbek 1967; Elisabeth Young-Bruehl, *Hannah Arendt. Leben, Werk und Zeit*, Frankfurt/M. 1986. Von Hannah Arendt werden nur die Buchveröffentlichungen erwähnt, die zur Zeit in einer deutschen Ausgabe erhältlich sind.

Schriften von Hannah Arendt

Besuch in Deutschland. Aus dem Amerikanischen von Eike Geisel. Mit einem Vorwort von Henryk M. Broder und einem Porträt von Ingeborg Nordmann, Berlin 1993

Hannah Arendt und Karl Jaspers, *Briefwechsel 1926-1969,* München

Eichmann in Jerusalem. Ein Bericht von der Banalität des Bösen. Aus dem Amerikanischen von Brigitte Granzow. Mit einem Essay von Hans Mommsen, München ^{4}1992

Elemente und Ursprünge totaler Herrschaft. Antisemitismus, Imperialismus, Totalitarismus, München ^{3}1993

Israel, Palästina und der Antisemitismus. Aufsätze, Berlin 1991

Essays und Kommentare. Bd. 1: Nach Auschwitz. Hrsg. und aus dem Amerikanischen übersetzt von Eike Geisel, Berlin 1989, *Bd. 2: Die Krise des Zionismus.* Hrsg. und aus dem Amerikanischen übersetzt von Eike Geisel, Berlin 1989

Macht und Gewalt. Aus dem Englischen von Gisela Uellenberg. Interview von Adelbert Reif, ^{8}1993

Menschen in finsteren Zeiten. Hrsg. von Ursula Ludz. Aus dem Amerikanischen von Meino Büning, Wolfgang von Einsiedel, Hellmut Jaesrich, Ursula Ludz, München ^{2}1989

Rahel Varnhagen. Lebensgeschichte einer deutschen Jüdin aus der Romantik, München ^{7}1992

Über die Revolution, München 1994

Die verborgene Tradition. Acht Essays, Frankfurt/M. 1976

Vita activa oder Vom tätigen Leben, München ^{6}1992

Vom Leben des Geistes. Hrsg. von Mary McCarthy. Aus dem Amerikanischen von Hermann Vetter. *Bd. I: Das Denken,* München ^{2}1993. *Bd. II: Das Wollen,* München 1989

Wahrheit und Lüge in der Politik. Zwei Essays, München ²1987

Walter Benjamin – Bertolt Brecht. Zwei Essays, München ²1986

Was ist Existenz-Philosophie? Frankfurt/M. 1990

Was ist Politik? Vorwort von Kurt Sontheimer. Aus dem Nachlaß hrsg. und mit einem Kommentar versehen von Ursula Ludz, München 1993

Zur Zeit. Politische Essays. Hrsg. von Marie L. Knott. Aus dem Amerikanischen von Eike Geisel, Berlin 1986

Zwischen Vergangenheit und Zukunft. Übungen im politischen Denken I. Aus dem Amerikanischen von Ursula Ludz, München 1994

Schriften über Hannah Arendt

Ronald Beiner, Hannah Arendt über das Urteilen. In: Hannah Arendt, *Das Urteilen,* hrsg. von R. Beiner, München 1985. Beiners Essay ist der bisher ausführlichste und differenzierteste Kommentar zu Arendts Auffassung vom Urteilen. Dazu ebenso: Ernst Vollrath, Hannah Arendts Kritik der politischen Urteilskraft. In: *Die Zukunft des Politischen. Ausblicke auf Hannah Arendt.* Hrsg. v. Peter Kemper, Frankfurt/M. 1993, S. 34 ff.

Seila Benhabib, Hannah Arendt und die erlösende Kraft des Erzählens. In: Dan Diner (Hg.), *Zivilisationsbruch. Denken nach Auschwitz,* Frankfurt/M. 1988. Dies., Der Paria und sein Schatten: Über die Unsichtbarkeit der Frau in Hannah Arendts politischer Philosophie. In: *Babylon* 9, 1991. Benhabibs Aufsätze stellen den Versuch dar, vor dem Horizont der Theorie von Jürgen Habermas und des Feminismus eine kritische Haltung gegenüber Arendt zu gewinnen.

Margaret Canovan, *The Political Thought of Hannah Arendt,* New York 1974. Dies., *Hannah Arendt. A Reinterpretation of Her Political Thought,* Cambridge (University Press) 1992

Paolo Flores d'Arcais, *Libertärer Existentialismus. Zur Aktualität der Theorie Hannah Arendts,* Frankfurt/M. 1993

André Enegrén, *La pensée politique de Hannah Arendt,* Paris 1984. Die Monographien von Canovan und Enegren sowie der Essay von d'Arcais zeichnen sich durch eigenständige und innovative Fragestellungen zur politischen Theorie Arendts aus.

Wolfgang Heuer, *Citizen. Persönliche Integrität und politisches Handeln. Eine Rekonstruktion des politischen Humanismus Hannah Arendts,* Berlin 1992. Erfahrung spielt in Hannah Arendts politischem Entwurf eine bedeutsame Rolle. Heuer versucht dies auf Arendts Werk selbst anzuwenden, indem er Biographie und theoretisches Selbstverständnis miteinander verknüpft.

Melvin A. Hill (Hg.), *Hannah Arendt: The Recovery of the Public World,* New York 1979 (mit Aufsätzen von M. Bakan, B. Crick, S.S. Draenos, M. Denneny, K. Frampton, P. Fuss, J. Glenn Gray, M.A. Hill, R.W. Major, J. Miller, B. Parekh, E. Young-Bruehl)

Peter Kemper (Hg.), *Die Zukunft des Politischen. Ausblicke auf Hannah Arendt,* Frankfurt/M. 1993 (mit Aufsätzen von O. Höffe, E. Vollrath, A. Negt, M.Th. Greven, B. Guggenberger, M. Jay, O. Kallscheuer)

F.A. Krummacher (Hg.), *Die Kontroverse. Hannah Arendt, Eichmann und die Juden,* Frankfurt/M. 1964 (mit Aufsätzen von A. Alvarez, B. Bettelheim, F. Brodnitz, M. Buber, H. Grüber, H. Hahn, R.W. Kempner, A. Leschnitzer, K. Loewenstein, G. Mann, E. Michaelis-Stern, M. Musmanno, N. Podhoretz, E.G. Reichmann, R. Rie, J. Robinson, N. Robinson, G. Scholem, R. Schroers, E. Simon, M. Sperber, A. Tramer, H. Trevor-Roper)

Les Cahiers de Philosophie, Hannah Arendt. *Confrontations,* 4/1986 (mit Aufsätzen von Adre Scala, Jacques Taminiaux, Patrice Canivez, Etienne Tassin, Jean-Michel Chaumont, Myriam Revault d'Allonnes, Joel Roman, Francoise Proust, Paul Ricoeur)

Adalbert Reif, *Gespräche mit Hannah Arendt,* München 1976. Ders. (Hg.), *Hannah Arendt. Materialien zu ihrem Werk,*

Wien/München/Zürich 1979 (mit Aufsätzen von K. Buchheim, L.A. Cooper, M. Cranston, B. Crick, J. Glenn Gray, J. Habermas, E. Heller, E. Hobsbawm, F. Jonas, H. Jonas, J. Kaiser, H. Morgenthau, R. Nisbet, H. Pross, D. Sternberger, E. Vollrath, S. Wolin, E. Young-Bruehl)

Salmagundi 60, Frühjahr/Sommer 1983 (mit Aufsätzen von L. Botsein, S. Wolin, P. Ricoeur, C. Castoriadis, N. Jacobsohn, G. Kateb)

Social Research, New York 44/1, 1977 (mit Aufsätzen von B. Crick, J. Glenn Gray, E. Heller, H. Jonas, H. Morgenthau, R. Nisbet, J. Shklar, E. Vollrath, S. Wolin, E. Young-Bruehl).

Die Aufsatzbände zeigen die Unterschiedlichkeit von Diskussionsstil und Interpretation zu Arendts Werk in den USA, Frankreich und Deutschland. Die überaus heftige Kontroverse, die sich an ihrem Buch über den Eichmannprozeß entzündete, weist nicht nur auf eine Tabuverletzung hin. Darüberhinaus wird deutlich, daß die Art und Weise, wie Arendt das Thema des Bösen im Totalitarismus erörtert, die traditionelle Ordnung des ethischen Diskurses infragestellt. Außerdem ermöglichen die Aufsatzbände einen guten Einstieg in die Vielfalt der Interpretationsansätze zu Arendts Werk, die teilweise mit der Wahl des thematischen Zugangs in Zusammenhang steht. Während in den USA und in Deutschland Hannah Arendts Analyse des Totalitarismus und die Vita activa im Mittelpunkt des Interesses stehen, richtet sich die Aufmerksamkeit in Frankreich und Italien vor allem auch auf die philosophische Dimension in ihrem Denken. Durch diese unterschiedliche Akzentuierung werden Differenzen deutlich, die komplexe Lesarten ihres Werks ermöglichen.

Zeittafel

1906	Hannah Arendt wird in Hannover geboren
1909	Wegen Erkrankung des Vaters Umzug der Familie nach Königsberg, dem Wohnort der Großeltern
1913	Tod des Vaters Paul Arendt
1924	Wiederverheiratung von Martha Arendt mit Martin Beerwald
1924	Externes Abitur
1924-28	Studium von Philosophie, Theologie und Klassischer Philologie in Marburg bei Heidegger und Bultmann, in Freiburg bei Husserl und in Heidelberg bei Jaspers. Promotion über »Der Liebesbegriff bei Augustin« bei Jaspers
1926	Begegnung mit Kurt Blumenfeld
1929	Heirat mit Günther Stern (späterer Schriftstellername Anders)
1930	Beginn der Arbeit an *Rahel Varnhagen*, die 1938 fertiggestellt wird
1933	nach einer kurzen Inhaftierung Flucht nach Paris
1935-38	Erstes politisches Engagement bei der Youth Aliya zur Rettung jüdischer Kinder Häufige Begegnungen mit Walter Benjamin
1936	Trennung von Günther Stern
1940	Heirat mit Heinrich Blücher Vorübergehende Internierung im Konzentrationslager Gurs (Südfrankreich). Flucht in die USA mit Heinrich

	Blücher, im Gepäck die Geschichtsphilosophischen Thesen Walter Benjamins
	Selbstmord Walter Benjamins auf der Flucht nach Spanien
1941-44	Mitarbeit bei der deutsch-jüdischen Wochenzeitung *Der Aufbau*
1944	*The Jew as Pariah: A Hidden Tradition*
1944-46	Forschungsleiterin bei der Conference on Jewist Relation
1946-48	Cheflektorin beim Schocken-Verlag
1948	Tod der Mutter
1948-52	Geschäftsführerin der Organisation Jewish Cultural Reconstruction
1949-50	Erster Besuch nach dem Krieg in Europa
	Wiedersehen mit Jaspers und Heidegger
1951	*The Origins of Totalitarianism*
	Annahme der amerikanischen Staatsbürgerschaft
1953-58	Vorlesungen und Vorträge an den Universitäten Princeton, Harvard, Chicago, an der New School for Social Research New York, Professur am Brooklyn College in New York, Gastprofessur in Berkeley.
1957	*Fragwürdige Traditionsbestände im politischen Denken der Gegenwart*
1958	*The Human Condition. Rahel Varnhagen. Die ungarische Revolution und der totalitäre Imperialismus*
	Laudatio für Jaspers anläßlich der Verleihung des Friedenspreises des Deutschen Buchhandels
1959	Lessing-Preis der Stadt Hamburg
1961	Berichterstattung über den Eichmannprozeß für den New Yorker
	Between Past and Future. Six Exercises in Political Thought
1963	*Eichmann in Jerusalem. A Report on the Banality of Evil. On Revolution*
1963-67	Professorin an der Universität von Chicago
1967	*Truth and Politics*

	Sigmund-Freud-Preis der Deutschen Akademie für Sprache und Dichtung
1967-75	Professorin an der New School for Social Research New York
1968	*Men in Dark Times. Walter Benjamin*
1969	Tod von Karl Jaspers
1970	Tod von Heinrich Blücher
	On Violence, Civil obedience, Vorlesung über *Kants politische Philosophie*
1971	*Thinking and Moral Considerations, Lying and Politics*
1973-74	Gifford-Lectures in Aberdeen/Schottland über *Das Denken* und *Das Wollen*
1975	Sonning-Preis der Universität Kopenhagen für Verdienste um die europäische Kultur
	Am 4. Dezember stirbt Hannah Arendt in New York

Editorische Notiz

Eine frühere Fassung des Kapitels »Vom Ende der Philosophie« ist in Jutta Dick und Barbara Hahn (Hg.), *Von einer Welt in die andere. Jüdinnen im 19. und 20. Jahrhundert,* Wien 1993 erschienen.

Die Frauenförderkommission des Berliner Senats hat mit einem Stipendium das Schreiben des Buches ermöglicht.

Ich danke Frau Dr. Lotte Köhler, der Verwalterin des Arendt-Nachlasses, für die Erlaubnis, aus unveröffentlichten Schriften und Briefen zu zitieren.

